www.tredition.de

AF196237

Hans Jürgen Kolvenbach

Verspielte Liebe

www.tredition.de

© 2021 Hans Jürgen Kolvenbach

Verlag und Druck:
tredition GmbH, Halenreie 40-44, 22359 Hamburg

ISBN
Paperback: 978-3-347-29969-6
Hardcover: 978-3-347-29970-2
e-Book: 978-3-347-29971-9

Coverbild: Anne Kolvenbach, Gefährt, 1990, Acryl a. Papier, 40 x 30 cm

http://www.annekolvenbach.de

Verspielte Liebe

Acht Geschichten zwölf mal verfolgt von Gedichten

Hans Jürgen Kolvenbach

Inhalt

Unbestimmtes Verlangen

Ein kleines Mädchen ununterbrochen hüpfend

zu einem etwas größeren Jungen,

unbeholfen um sie herumstehend:

»Wenn du die Augen zumachst,

was du dann siehst,

das gehört alles dir.«

Volljährig ins Cabrio, nur weg hier, weg hier

Die Zurückgebliebenen mussten sie für ein Sonntagskind halten. In keinem ihrer Briefe fehlte der Hinweis auf den Sonntag. Von Werktagen berichtete sie nie. »Morgen ist wieder Sonntag, dann gehe ich in die Stadt tanzen.« »Heute ist wieder Sonntag, ich werde in die Stadt gehen zum Tanzen.« »Leider ist erst Montag, aber wenn wieder Sonntag ist, werde ich in die Stadt gehen, um zu tanzen.« »Heute ist Freitag. Freitag ist ein schöner Tag, da ist nicht mehr lange bis Sonntag, ich denke nur noch ans Tanzen.«

Nichts hatte sie halten können. Ihr Abgang war leichter gewesen als erhofft. Sie hatte sich am ersten Tag ihrer Volljährigkeit aufgemacht, war in das einzige Bankgebäude des Luftkurortes eingedrungen, Volksbank im Fachwerkhaus. Nichts hatte sie mitgenommen, nur ihr kleines Köfferchen im roten Lack der Kindheit. 7.000 hatte sie verlangt. DMark in großen Scheinen. Sie hätte gar nicht nervös sein brauchen. Der Filialleiter hatte ihr das Geld von der Kassiererin vorzählen lassen – »Das Beste, was wir in Deutschland haben. Überall von gleicher Qualität. Wie der Espresso in Italien, die DeMaak« – Nachdem sie sich über seinen Schreibtisch gebeugt und unterschrieben hatte, den Kreditvertrag in dreifacher Ausfertigung, hatte er es sich nicht nehmen lassen, die Kassiererin an ihren Arbeitsplatz zurückzuschicken, überdicht an sie heranzutreten und ihr das Geld eigenhändig in das aufgeklappte Köfferchen zu stapeln.

Er nahm ihre Unterschriften an sich, ohne Fragen zu stellen. Im Luftkurort kannte man sich. Drei Unterschriften hatte sie gegeben. Die nahm er. Das war's schon.

An der einzigen Tankstelle hatte sie den billigsten Gebrauchten gekauft, aus dem rotlackierten Köfferchen bar bezahlt. Ein Cabrio. Sie hatte das Verdeck zurückgeschlagen. Sie war eingestiegen und ohne sich umzudrehen weggefahren, ab in die Zukunft, erst mal in eine Stadt und dann weitersehen.

Im Rückspiegel schrumpfte nach jeder Kurve, was sie hinter sich ließ, ihren Blick warf sie nicht zurück.

Ein junger Mann mit Zukunft auf der Suche nach einer Begegnung

Sein Vater konnte sich nichts anderes vorstellen, als auf den Sohn zu warten. Der Vater war sicher, dass sein Sohn auch an diesem Wochenende Urlaub bekommen würde.

Als er den Wasserhahn aufdrehte, fiel ihm ein, dass er vergessen hatte, Polytanol zu kaufen, um die Maulwürfe zu vergasen. Weil es noch nicht dunkel war, legte er die Trauben, die er für seinen Sohn eigens im Hauptbahnhof geholt hatte, im Spülbecken ab, ging in den Garten, nahm einen Spaten und stellte sich zwischen zwei Erdhaufen auf, die ihm der Maulwurf am frühen Morgen durch seinen akkurat geschnittenen Rasen gestoßen hatte. Er hoffte, dass das Tier am Abend erneut aus der Tiefe hervorstoßen würde. Nach kurzer Überlegung trat er dichter an einen der beiden Haufen, drückte beide Arme gegen den Körper. Den Spaten hielt er mit beiden Händen gefasst, versuchte entspannt zu stehen, bereit, zuzustoßen. Er musste immer wieder daran denken, dass sein Sohn in diesem Augenblick volljährig wurde.

Unaufhörlich ließ er die Augen zwischen den zwei frischen Erdhaufen kreisen, bemühte sich, mit den Füßen kein Geräusch in den Boden zu leiten, konnte nicht verhindern, dass die weite Rasenfläche an immer anderen Stellen ins Tanzen zu geraten schien, ließ sich nicht ablenken, lauerte auf die Bewegung des Maulwurfs, hielt unverändert die scharfe Spatenkante über die Erde, braunbröcklige, wartete auf das Auftauchen des Maulwurfs und auf seinen Sohn.

Seine Freundin konnte sich nichts anderes vorstellen, als auf den Freund zu warten. Die Freundin war sicher, dass ihr Freund über das Wochenende Urlaub bekommen würde. Ihr Vater würde sie trotz ihrer endlich erreichten Volljährigkeit in seiner Familie einsperren wollen, selbstherrlich entscheiden, wann sie ihren Freund würde treffen dürfen. Sie wartete auf einen Anlass, aus dem üblichen Familienkaffee abgehen zu können und nahm ihrem Vater übel, dass er diesen Grund nicht liefern wollte. Als sie endlich ihre Chance bekam, erregte ihr wortloser Abgang nicht die gewünschte Bestürzung, die etwas früher mit weniger Aufwand zu erzielen gewesen wäre. Sie warf sich in grenzenloser Verzweiflung über ihr Bett hin, als wäre sie immer noch nicht volljährig. Niemand klopfte gegen ihre verriegelte Türe, auf dem Bett wusste sie nichts mit sich anzufangen, sie setzte sich hoch auf die Fensterbank, stellte das Bild ihres Freundes zu ihren Füßen in die gegenüberliegende Ecke, warf ihren Blick abwechselnd erst auf das Bild und dann in die Tiefe der Straße, die ihren Freund zu ihrem Haus heraufführen musste. Endlich waren sie beide volljährig.

»Er aber nahm Aschenputtel aufs Pferd und ritt mit ihm fort.« Die Uniform hatte bisher nicht gebracht, was er sich erhofft hatte, obwohl seine Tage beim Bund gezählt waren. Die Ausgehuniform war grau, selten benutzt, zeigte Kniff, faltenfrei. Seine Jeans waren grau, früher viel herumgekommen, sie waren vom Staub gebleicht und von der Luft, lange nicht gewaschen. Er stand zwischen der Uniform und seinen Jeans und konnte sich nicht entscheiden.

Er legte sich auf sein Bett, blätterte auf dem Kopfkissen aufgestützt in den Magazinen, die er vor den anderen Wehrpflichtigen versteckt hielt. Alles war so still; endlich kam er zu dem Turm und öffnete die Tür zu der Stube, in welcher Dornröschen schlief. Da lag es und war so schön, dass er die Augen nicht abwenden konnte, und er bückte sich und gab ihm einen Kuss. Wie er es mit dem Kuss berührt hatte, schlug Dornröschen die Augen auf, erwachte und blickte ihn, nur ihn an, aus tiefster Zuneigung.

Er lag auf dem Bett. Die Zeit stand still um seine Bewegung herum. »Liebst du mich nicht am meisten von allen?«, schienen die Augen der kleinen Seejungfrau zu fragen, wenn er sie in seine Arme nahm und ihre schöne Stirn küsste. Immer wenn das Licht nicht senkrecht auf das Hochglanzpapier fallen konnte, schimmerte ihre schöne Stirn in einen unkörperlichen Glanz hinüber. Er drückte dann das Papier fester auf das Bettlaken, und ihr Körper kehrte zurück.

Wenn er die glatten Seiten hochglänzend hin und her blätterte, erhob die kleine Seejungfrau ihre schönen weißen Arme, stieg auf die Fußspitzen und schwebte über den Fußboden hin, tanzte, wie noch keine getanzt hatte; bei jeder Bewegung erregte ihre Schönheit ihn heftiger und ihre Augen sprachen tiefer zum Herzen als der Gesang aller anderen Sklavinnen. Aber auch ihr prall und rund über ihren Fersen sich auswölbender birnensüßer Po sprach wie aus uralten Zeiten zu ihm. Ihre schöne Gestalt, ihr kriechender Gang, ihre sprechenden Augen und der tiefe Spalt, der zwischen den Brüsten und in dem schamlos ausgebreiteten Po so gleichförmig sich dahinzog, damit konnte sie schon ein Menschenherz betören.

»Liebst du mich nicht am meisten von allen?«, schienen die Augen der kleinen Seejungfrau zu fragen, wenn er sie in seine Arme nahm und ihre schöne Stirn küsste.

»Sollte ich einst eine Braut wählen, so würdest du es sein, mein stummes Findelkind mit den sprechenden Augen!« Und er küsste ihren roten Mund, spielte mit ihrem lange Haar und legte sein Haupt an ihr Herz, so dass es von Menschenglück und einer unsterblichen Seele zu träumen begann. Als er sich beruhigt, die Zeit aber ihren Gang wieder aufgenommen hatte, sah er, dass er nur am Vierfarbdruck seine Wangen abgerieben hatte, und wusste nicht, was es sollte bedeuten, dass er so traurig war.

Die Uniform hatte bisher nicht gebracht, was er sich erhofft hatte, obwohl seine Tage beim Bund gezählt waren. Die Ausgehuniform war grau, selten benutzt, zeigte Kniff, faltenfrei. Seine Jeans waren grau, früher viel herumgekommen, doch nirgends hängengeblieben, sie waren vom Staub gebleicht und von der Luft, lange nicht gewaschen. Er stand zwischen der Uniform und seinen Jeans und konnte sich nicht entscheiden.

Fuhr er zu seiner Freundin, musste er sofort seinen Vater anrufen, um ihm zu sagen, warum er an diesem Wochenende nicht nach Hause kam. Wenn er zu seinem Vater fuhr, musste er sofort seine Freundin anrufen, um ihr zu sagen, warum er an diesem Wochenende nicht zu ihr nach Hause kam. Beide mochten ihn nur in Zivil sehen. Er entschied sich, gleich gerecht beide zu versetzen, seinen Vater, seine Freundin, es noch einmal mit der Ausgehuniform zu probieren und tanzen zu gehen.

Eine Frau, frei in der Großstadt, kann eine Begegnung nicht vermeiden

Sieben unüberschaubar lange Monate waren vergangen seit ihrem Abgang aus dem täglichen Einerlei ihres Dorfes, da gänzlich unerwartet trat ihr der Kredit aus der Volksbank im Fachwerkstil an einem Samstagnachmittag in menschlicher Gestalt gegenüber. Plötzlich in der 5. Etage bei ihrem Aufstieg durchs Treppenhaus baute sich ein Mann so vor ihr auf, dass sie nicht vorwärts, nicht rückwärts konnte, vor allem aber keine Chance hatte, sich durch einen Sprung über das Treppengeländer ihren Zahlungsverpflichtungen zu entziehen. Der Mann, über unauffälliger grauer Lederkleidung neutral parfümiert, wies sich diplomatisch sachlich als Kollektenboy aus. Sie erinnerte sich. Sie hatte schon häufiger warnende Ratschläge überhört, in denen Kollektenboys nicht unerwähnt geblieben waren. »Und nicht zu vergessen, es gibt ja diese sogenannten Kollekten-Boys, menschliche Schränke, die also an der Tür klingeln und sagen: 'So ich komme vom Inkassobüro soundso oder von der Bank XV und ich sammle jetzt mal Geld ein.' Obwohl sie unerbittlich klingeln, hört sich der Klingelton normal an, statt schrill aufzuschreien.« Der Mann, der ihr den Aufstieg verstellte, bedrohte sie nicht. Er verzichtete sogar darauf, im Treppenhaus größeres Aufsehen zu erregen, und ließ sich darauf ein, sie in ihre Wohnung zu begleiten.

Er nahm keinen Kaffee und keinen Kurzen und warnte sie, ohne irgendeinen Unterton in seine Stimme zu legen, auf keinen Fall Schritte zu unternehmen, die er als Entfernung ohne Abschied hätte interpretieren müssen. Er legitimierte sich durch den Dienstausweis seines Inkassobüros und machte ihr eindringlich klar, dass er und sie, sie und er von jetzt ab kollegial zusammenarbeiten müssten, private Anmache unerwünscht sei und sie beide sich gänzlich in den Dienst der Sache zu stellen hätten. Nach diesem Auftakt, teilte er mit, dass sie von ihm kein intimes Verhör zu befürchten habe, er noch zu anderen Klientinnen müsse und ihr an diesem Tag nur in Kürze die wichtigsten Stationen ihrer Kreditkarriere nach Aktenlage vortragen wolle, außerdem die sich zwangsläufig ergebenden Schlussfolgerungen. Er forderte sie auf, nur dazwischenzureden, wenn ihr eine Angabe falsch erscheine.

Er erinnerte sie daran, dass der Kredit, den sie aus dem Luftkurort mitgebracht habe, ihr eine gute Zeit in der neuen Stadt bereitet habe, sie hingegen nur zögerlich der Verpflichtung nachgekommen sei, ihrerseits den Kredit vertragsgemäß zu bedienen. Der routinemäßig, diplomatisch sachlich hinter seinem Parfumduft vortragende Mann ersparte es sich an dieser Stelle nicht, ausführlich mit genauem Datum aufzulisten, wie sie schon zu Beginn ihrer Kreditkarriere geliehenes Geld nicht fristgerecht in den Luftkurort rücküberwiesen hatte, obwohl die Höhe der Raten hätte leicht zu bedienen gewesen sein müssen. Der Kredit war in dieser Aufbauphase nicht gerade notleidend geworden, aber seine Ansprüche hatte sie auch nicht verkleinern können.

Der Kollektenboy, der inzwischen den Reißverschluss seiner grauen Ledersportjacke fast bis zum Ende aufgezogen hatte, zeigte Verständnis dafür, dass sie nicht vorausgesehen hatte, wie schnell ein himmlisches Großstadtgefühl sich halbieren und eine weltliche Zahl sich verdoppeln kann.

Für unentschuldbar allerdings musste der Kollektenboy halten, dass sie sich auch nach dem Vertrautwerden mit dem Leben in einer Großstadt nicht genötigt gefühlt hatte, sich ihrem Kredit zuzuwenden, selbst zu der Zeit nicht, als dieser so hingebungsbereite Kredit unübersehbar notleidend geworden war. Von Bankcomputern ließ der nur ihr gehörige Kredit sich seit Wochen schon einer unpersönlichen, mechanisierten, automatischen Verwaltung unterziehen.

Sie hatte sich nicht zu ihrem Kredit bekannt, als eine erste Mahnung den ihr durchaus bekannten Zahlungsverzug mitteilte. Sie hatte nicht reagiert, als der fortdauernde Zahlungsverzug durch eine zweite Mahnung bestätigt wurde, sich nicht einmal zur Umkehr bewegen lassen, als beim unverändert fortgeführten Zahlungsverzug das Computerprogramm automatisch die dritte Mahnung und beim nicht endenwollenden Zahlungsverzug die vierte und letzte Mahnung in einer zunehmend bedrängenderen Sprache abgefasst und ihr per Einschreiben zugestellt hatte. Der Mann, der immer noch keinen Kaffee akzeptierte, hatte trotz aller Geschäftsmäßigkeit in

Haltung, Duft und Tonfall nicht verhindern können, dass seine Stimme eine Klangvibration angenommen hatte, die ihn gereizt erscheinen ließ. Sie versuchte ihn mit der Erklärung zu besänftigen, dass sie sich nicht böswillig habe betragen wollen, sondern manches einfach deshalb übersehen und unterlassen habe, weil sie damit beschäftigt gewesen sei, an Werktagen irgendwie Geld zu verdienen und an den Wochenenden tanzen zu gehen, so dass sie die Pflege des notleidenden Kredites ganz ihrem Sparkasseninstitut zu treuen Händen habe überlassen müssen. Über die treuen Hände vermochte ihr Gegenüber nicht einmal zu schmunzeln. Der Inkassoboy sah sich genötigt, sie zu ermahnen, seine kostbare Zeit nicht mit Einlassungen zu vergeuden, die nichts zur Sache beitrugen – psychologische Recherche war nicht sein Auftrag. Tatsächlich war sie, wie er ganz persönlich meinte, zu ihrem Glück, bei seinem Inkassobüro an ein Institut geraten, dem persönliche Kundenpflege über alles ging. Die Sparkasse hatte mehr Geld von ihr bekommen als selbst gegeben. Hatte sich von ihrem Kredit getrennt, hatte ihn als Verlust ausgebucht, beim Finanzamt zu 70 % mit Erfolg abgeschrieben und obendrein zu sechs Prozent des Schuldbetrages an sein Inkassobüro verkauft. Sein Büro aber und er würden nichtsdestotrotz ihren Kredit 100prozentig ernstnehmen, darauf könne sie sich verlassen. Zum Abschluss seiner Ausführungen riet der inzwischen riesenhaft über sie hinausgewachsene Mann ihr, die Vergangenheit zu vergessen und nur noch in die Zukunft zu blicken.

Er kam zur eigentlichen Botschaft und rechnete ihr vor, dass sie innerhalb der nächsten 10 Jahre neben der Schuld von 24.000 DMark

Zinsrückstände von 30.000 DMark ansammeln werde, wenn sie nicht schleunigst damit anfange, ihr ganzes Leben in den Dienst ihres Kredites zu stellen. Kooperation, Kooperation, Kooperation, das durfte er ohne jede Einschränkung von ihr erwarten.

Er war über ihre Einkünfte aus unregelmäßiger Arbeit informiert, exakter als sie selbst, und nannte ihr den Betrag, den sie vom Ersten an wöchentlich zu überweisen hatte. Zum Abschluss seines Beratungsgesprächs gab er ihr die Chance, sich trotz ihrer ausweglosen Lage seiner Großzügigkeit ebenbürtig zu zeigen. Er forderte sie auf, ihm erst die Handtasche, dann das Portemonnaie und noch nicht zu guter Letzt die Brieftasche zu zeigen, die Porzellandose im Küchenregal vergaß er nicht, ehe er sich die Geldscheine aushändigen ließ, ihr im Gegenzug eine ordnungsgemäß gestempelte Quittung überreichend. Münzgeld durfte sie behalten. Ihr Kollektenboy versprach, immer wieder einmal unvorhersehbar und doch regelmäßig vorbeizukommen.

Nach dieser gänzlich unerwarteten Begegnung mit ihrem bedauernswerten Kredit richtete sie sich nicht darauf ein, alleine in ihrer Wohnung auf den Sonntag zu warten, sie machte sich zurecht, zog die Schuhe an, mit denen sie vor langer Zeit die wehrlose Stadt betreten hatte, und ging erst einmal abtanzen.

Er und sie begegnen sich

Mit seiner Ausgehuniform wirkte er in dem Lokal eher exotisch als unpassend. Die Uniform schien ihm nicht zu schaden.

Ihr roter Stretchrock konnte nicht enger sein. Er konnte nicht kürzer sein. Ihre Beine wären auch ohne die goldenen Hochhackigen lang und länger erschienen. Zwei Seidenschmetterlinge wippten schwarz auf ihrer Strumpfnaht, als wollten sie sich gerade auf den Kappen der Fersen niederlassen. Gegen ihre Brust hielt sie einen roten Lackkoffer wie aus der Kindheit gepresst. Ihre Lippen blieben trotz des geschlossenen Mundes weit aufgeworfen. Zwischen den geöffneten Zähnen lockten die Versprechungen tiefer Brombeerhecken.

Kaum, dass die Tanzfläche sie zusammengeführt hatte, klammerten beide aneinander. Sperrig und verrutscht hielt sie den roten Lackkoffer gegen seinen Uniformrücken gepresst. So eng umschlungen zu tanzen wirkte an diesem Ort zu brav, zu lieb, zu innig. In diesem Lokal hatte man allein zu bleiben, auch wenn man sich kannte, auch wenn man beim Tanzen nah aneinander geriet. Man hatte sich nicht zu begrüßen. Man hatte sich nicht zu verstehen. Man hatte kein Mitgefühl, keine Höflichkeit und keine Einfühlung zu zeigen. Man hatte verdammt alleine zu sein, selbst wenn man die wichtigsten Darsteller »I`m just a lonely boy« dieses Lokales schon eine Ewigkeit kannte oder sogar mit dem einen oder anderen zwischen Morgen und Mittag in irgendeiner Wohnung beigeschlafen hatte. In diesem

Lokal hatte jeder zu bleiben, was er war, der Andere. Wer Kontakt aufnahm, hatte in diesem Lokal ausgespielt.

Vielleicht hätte es lediglich einen Abend mit ihr gedauert, wenn sie nicht diesen kurzen Satz gesprochen hätte. »Hätten wir uns doch nur ein Jahre früher kennengelernt!« Diesen Satz wollte er ihr nicht abnehmen. Diesen Satz konnte er nicht auf sich sitzen lassen.

»Hätten wir uns doch nur ein Jahre früher kennengelernt!« Diesen Satz wollte er nicht gelten lassen. Ein Jahr konnte ihn nicht einschüchtern.

Aus ihrer Stimme hatte er Versprechungen gehört, die zu dem Satz nicht passen wollten. Die Aussage ihres Satzes war klar und endgültig, aber ihr Körper hielt sich so übernah an ihm, als hätte ihr Mund diesen schwer herabhängenden Satz nie gesprochen. Nichts reizte ihn in diesem Augenblick mehr, als diesen Satz zu widerlegen. Unter den Leuten hielt es ihn nicht länger, obwohl die in diesem Lokal angesagte Ignoranz sie beide ohnehin unsichtbar hatte werden lassen. Er brauchte mit ihr nichts abzusprechen, sie gingen Hand in Hand aus der Tanzecke, zogen, ohne sich loszulassen, zwischen den Wochenendgästen hindurch, die sich in ihren Bewegungen einbunkerten, hielten einander, wenn auch gelockert, fest, als sie den Thekenbereich abschritten, kamen Hand in Hand durch die Türe ins Freie, ließen erst los, als sie sich auf den dunklen Treppenstufen, die zu der Zeit noch zum Rhein hinunterführten, niedersetzten, um sogleich dichter aneinander zu rücken. Das rote Lackköfferchen stellte sie unbeachtet neben sich ab.

Seine unausgesprochenen Befürchtungen, er müsse sich interessante Sätze einfallen lassen, widerlegte sie schweigend. Sie durfte alles. Er lauerte ihrem Körper an den Stellen auf, die sie freigab.

Danach liefen sie lange durch die Nacht. Irgendwann behauptete sie, da zu sein, drückte sich mit ihm eine lange Weile gegen die Klingelanlage, nannte ihm aber keinen Namen, ließ ihn nicht in das Treppenhaus eintreten.

Er verfolgte ihre Bewegungen durch das beleuchtete Treppenhaus und musste mit ansehen, dass sie sich etwa in Höhe der 5. Etage in einen größeren Schatten schmiegte. Er war unsicher, ob sie sich wirklich mit einem Menschen zusammengetan hatte oder ob ihn der anstrengende Blick nach oben getäuscht hatte.

Er hatte vorgehabt, bis zum vollen Morgen alleine, nur begleitet von seinem neuen Glück, durch die Stadt zu laufen, am Fluss entlang und wieder in die Straßen der Stadt hinein. Er blieb bei diesem Entschluss, obwohl er verunsichert war. Er lief im gleichen Schritt mit ihren Düften, die aus seiner Uniform aufstiegen. In seinem ausgetrockneten Mund schmeckte er ihren Puder, ihre kreischenden Haare, ihren verrauchten Speichel, den Lippenstift und den abweisenden Geschmack ihrer Achselhöhlen. Dies alles zeigte er dem Mond, noch ehe der vom neuen Tagesdämmern weggebleicht wurde und ihn alleine in den Straßen zurücklassen musste.

Obwohl ihm kein Ausgang bewilligt wurde, stand er am späten Montagabend in der Nähe des Eingangs, in dem sie verschwunden war. Er war sicher, sie wiedererkennen zu können, aber sie war nicht unter den vielen Leuten, die ein- und ausgingen. Das Gucken war anstrengender, als er gedacht hatte. Er war nicht sicher, ob er alles gesehen hatte.

Am Dienstagabend hielt er sich dichter bei dem Eingang. Zweimal meinte er, sie zu erkennen, aber es gab keine Frau, die ihn beachtet hätte.

Am Mittwochabend hielt er auch einige andere Häuser, die ganz genauso aussahen, im Blick. Er war unsicher geworden, zu welchem Haus er sie überhaupt gebracht hatte.

Am Donnerstagabend konzentrierte er sich wieder auf das erste Haus. Er begnügte sich damit, das rote Lackköfferchen wiederer-kennen zu wollen.

Auch am Freitagabend sah er viele Leute ein- und ausgehen, sie sah er nicht. Er war sich nicht mehr sicher, ob er sie überhaupt wieder-erkannt hätte.

Sie kommt ihm entgegen

Sein Vater konnte sich nichts anderes vorstellen, als auf den Sohn zu warten. Der Vater war sicher, dass sein Sohn auch an diesem Wo-chenende Urlaub bekommen würde.

Seine Freundin konnte sich nichts anderes vorstellen, als auf den Freund zu warten. Die Freundin war sicher, dass ihr Freund über das Wochenende Urlaub bekommen würde. Sie wartete auf einen Anlass, aus dem üblichen Familienkaffee abgehen zu können.

Er stand zwischen der Uniform und seinen Jeans und konnte sich nicht entscheiden. In der Uniform würde sie ihn eher wiedererkennen, oder er würde, wenn er wieder soviel Glück hatte, noch etwas ganz anderes erleben; man konnte nie wissen, was noch alles möglich war. Vielleicht musste er aber doch erst einmal zu seiner Freundin fahren oder wenigstens nach Hause zu seinem Vater.

Während er zwischen der Uniform und seinen Jeans stand und sich nicht entscheiden konnte, wurde er ans Kasernentor beordert. Er zog die Jeans über. Er erkannte sie sofort an dem rotlackierten Köfferchen und den Hochhackigen. Fremd und viel zu mächtig sprang ihn ihre Nase an, obwohl sie versucht hatte, das große Ding unter blassem Puder klein zu schrumpfen. Sie schien ihm im Tageslicht ein Stück älter auszusehen, als er sich fühlte. Es ärgerte ihn, dass ihr Parfum zu viele Menschen im weiteren Umkreis einbezog.

Ohne Plan führte er sie erst einmal auf seinen Kasernentrakt zu. Die Blicke der Wachhabenden verrieten ihm, dass er eine gute Figur mit ihr machte, obwohl sie etwas größer wirkte als er. Er nahm sie mit auf seine Stube, gegen die Vorschrift. Er erklärte ihr, dass er sich das als Funktioner leisten konnte, dass die anderen Leute aus der Stube erst Sonntagnacht oder Montagmorgen zurückkehren würden. Er beruhigte sich damit, dass der Diensthabende unterstützend weggeguckt hatte.

Er fand sie schön und schämte sich für die Bundeswehr, wie sie an dem nackten Tisch zwischen den Doppelbetten und den Holzspinden herumstehen musste. Sechs Spinde umstanden sie, eckig aufgerichtete Sockel für Feldtornister, Feldspaten und Stahlhelme, die zum Sprung bereit auf ihren Einsatz warteten, auf Natoalarm. Sie bat ihn, die Stubentüre abzuschließen. Er wunderte sich, dass sie es aushielt bei ihm. Er hatte nichts zu essen und lediglich eine angebrochene Flasche mit schal gewordenem Mineralwasser.

Die Stube lag zu ebener Erde, jederzeit konnte jemand durch die drei Fenster von außen in die Stube gucken, was aber am Wochenende nie einer machte. Sie breiteten eine der rauhaarigen Decken aus, ließen sie vom oberen Bett braun herunterhängen, beschwerten sie mit zwei Feldspaten. Ohne die Schuhe auszuziehen, stiegen sie auf sein Bett, hielten sich versteckt hinter der tief herabhängenden Decke. Als sie ihn fragte, ob er sich über ihr Kommen nicht gefreut habe, merkte er, wie sehr er sich immer noch freute. Er hatte nichts, was er ihr hätte reichen können. Sie hatte ihm ein Geschenk mitgebracht. Vom Bahnhofsautomaten einen Schlüsselanhänger, noch frei für seinen Schlüssel, aber schon daran baumelnd ihr Gesicht schwarz weiß vor einem gewellten dunklen Vorhang hinter einer Kunststoffscheibe eingepresst. Er blickte auf die Nase, die fotografiert in Schwarz Weiß so klein war und ihr in Farbe so mächtig aus dem Gesicht sprang. Die längere Nase mochte er lieber.

Er begann, ihre Nase von Puder freizuschlecken. Sie hielt eine Weile still, verschloss ihm dann die Ohren mit ihrer Zunge, feucht und weich.

Dann küsste sie sich aus den Ohren um die Stirn herum zu seinen verschlossenen Augen vor und stieß mit der Zungenspitze seine Augenlider behutsam wund. Er tastete sich mit Daumen und Zeigefinger langsam ihre Nase entlang und stellte sich die rosarauen Zungen kleiner Katzen vor, er erinnerte sich, dass er sich immer eine Schwester gewünscht hatte, mit der er sich unterm Tisch hätte verstecken können.

Wenn er die Augen öffnete, sah er, wie das Tageslicht aus ihrem Versteck wegsickerte und die grobe Decke in unbestimmteres Dunkel überging.

Vereinzelte Geräusche drangen zu ihnen durch und erinnerten ihn daran, dass es heikel sein könnte, ohne Kleidung überrascht zu werden. So nahm er ihr lediglich einen goldenen Schuh vom Fuß und versteckte ihn unter dem Bettzeug als Pfand für einen Liebesdienst, den er sofort von ihr wollte, aber kaum hätte näher beschreiben können. Als sie sich nicht erpressen ließ, nahm er ihr auch noch den Strumpf vom Fuß. Dieser Fuß aber, entblößt, zeigte sein schreckliches Angesicht. Weit über den dicken Zeh hinaus war der danebenliegende Zeh gewachsen, wie ein Lindwurm setzte er sich in Bewegung, kaum, dass er vom Strumpf gelassen war. Er schleppte den dicken Zeh und den ganzen Fuß hinter sich her, ein ganzes Fußheer, Rächer der entehrten Dame, näherte sich seinen Jeans. Er sah zum ersten Mal in seinem Leben, dass es Füße gab, bei denen der dickste Zeh sich von seinem Nachbarzeh um Längen überrunden lassen musste. Sie merkte, dass er sich erschreckt hatte, sie nutzte seine Schwäche. Sie zündete sich eine Zigarette an, steckte sie zwischen die beiden ungleichen Zehen und setzte den entblößten Fuß gegen ihren Bedränger in Bewegung. Er wusste sich gegen die rote Glut nicht zu schützen, schon bewegte der Fuß sich über seine Wade sein linkes Bein aufwärts. Da stürzte er vor der gekränkten Frau nieder, bat um Vergebung. Sie löste die Zigarette aus ihren Zehen, nahm einen tiefen Zug und küsste ihm den Rauch in den Mund. Sie hatte ihre Genugtuung gehabt, sie ließ sich die Zigarette aus der Hand nehmen. Er nahm einen tiefen Zug und blies ihr den Rauch tief in ihren Mund. Irgendwann ließen sie die Zigarette über den Bettrand fallen, und dann suchten sie, mit geschlossenen Augen übereinander herstürzend, unter dem Bettzeug nach dem goldenen Schuh. Sie hielten sich an der Hand, Bruder und Schwester einander nicht lassend, im unübersichtlichen Gelände auf der Suche nach einem schwerauffindbaren goldenen Schuh.

Gerne wäre er mit ihr weitergegangen

Er kannte sie nun schon zwei Wochen, hatte aber immer noch nicht mit ihr geschlafen, machte sich jedoch gute Hoffnungen, als er sie am Wochenende vor seiner Entlassung aus der Bundeswehr einfach mit nach Hause nahm. Je näher sie dem Haus kamen, umso deutlicher sah er, dass ihre Nase fremd und viel zu mächtig aus ihrem Gesicht sprang, obwohl sie versuchte hatte, das große Ding unter blassem Puder kleinzuzaubern. Sie schien ihm im Tageslicht doch ein ganzes Stück älter auszusehen, als er sich fühlte. Es ärgerte ihn, dass sich die Menschen aus seiner Straße, weil sie ihr Parfum zu dicht über sich ausgeschüttet hatte, mit in ihren Duft drängeln konnten, obwohl sie vorgaben, sich hinter ihren Gartenzäunen festzuhalten.

Er hatte nicht vorgehabt, seinem Vater mehr mitzuteilen, als dass er jetzt mit ihr zusammen sei. Er hatte geplant, zügig mit ihr die Treppe hinauf zu seinem Zimmer zu gehen und erst beim Abgang dem Vater ein etwas längeres Gespräch mit ihr einzuräumen. Er hatte sich auf einen abschätzigen Blick seines Vaters eingestellt und hatte auch, je näher sie dem Haus kamen, selber Argumente gegen sie angesammelt, die er sich, da es für eine Umkehr zu spät war, nicht eingestehen wollte.

Als sein Vater auf ihn zutrat, sah er ihm in die Augen, fest, wie er es sich vorgenommen hatte. Er hatte nicht damit rechnen können, dass in dem Augenblick, als sie nicht mehr weiter aufeinander zugehen konnten, sie beide in ihren Augen dasselbe sahen.

Sie entdeckten dieselbe Lust auf sie und wussten, was sie niemals hätten zugeben können, dass sie sich beide am liebsten ihre Phantasien vom Gesicht gerissen hätten. Er dem Vater die Lust auf eine Frau, die dem Vater nicht zustehen konnte, der Vater ihm die Phantasien, die ihn bei seinem Sohn schon gestört hatten, seitdem sie seinen sechzehnten Geburtstag gefeiert hatten, die er aber nie hätte beweisen können und die jetzt in einem unerwarteten Augenblick offensichtlich geworden waren.

Der Vater hatte seinen Sohn immer sehr gemocht. Der Sohn mochte seinen Vater. Sie waren nicht darauf vorbereitet, ihr eigenes Gefühl in dem anderen beobachten zu müssen. Einen Augenblick lang sahen sie sich, als hätte es die Jahre nie gegeben, die der Vater immer schon voraus hatte.

Zu dem, was sie sehen mussten, fiel ihnen kein Gedanke ein. Sie sahen die eigene Lust, die nur ihnen gehören konnte, im anderen, obwohl er den Vater bisher für seinen Vater und der Vater ihn für seinen Sohn gehalten hatte.

Als er merkte, dass sie nichts mitbekommen hatte und den Empfang als freundlich einschätzte, führte er sie, wie geplant, auf sein Zimmer. Sie stellte ihren rotlackierten Kinderkoffer ab. Er verschloss die Türe. Er fand ihre Nase schön, küsste ihr den Puder aus dem Gesicht und wollte ihr den Duft vom Leib küssen. Er hoffte, dass sie ihm beim Öffnen ihrer Kleinigkeiten helfen würde. Aber bis zu diesen Stellen kam er nicht. Sie kam ihm von Anfang an nicht entgegen. Er dachte sich, dass es vielleicht noch zu hell war. Vielleicht musste sie sich auch erst in seinem Zimmer umsehen. Er war enttäuscht, enttäuscht, sehr enttäuscht. Aber sie konnte ihn überzeugen, dass es nicht an ihm lag, dass sie nicht weitergehen wollte. Sie hatte ihm sogar einen Schlüssel mitgebracht. Sie wollte mit ihm schlafen. Aber es musste aus einem unerfindlichen Grund in einem anderen Land sein. Sie hatte, so behauptete sie jedenfalls, für das nächste Wochenende einen Bungalow am Meer zur freien Verfügung gestellt bekommen. Sie sagte ihm Ort und Zeit und übergab ihm den Schlüssel.

Er hätte es unangenehm gefunden, am Tag ihres ersten Besuches von seiner festen Freundin angerufen zu werden, er hatte auch keine Lust, mit ihr im Wohnzimmer seinem Vater gegenüberzusitzen. Er brachte sie noch vor der Dunkelheit nach Hause; er hatte unbestimmte Hoffnungen, dass sie ihn vielleicht mit in ihre Wohnung nehmen würde. Sie ließ ihn aber nicht in das Treppenhaus eintreten.

Sie geht weiter, er will folgen

Sein Vater konnte sich nichts anderes vorstellen, als auf den Sohn zu warten. Der Vater wusste, dass sein Sohn an diesem Wochenende aus der Bundeswehr entlassen wurde.

Seine Freundin konnte sich nichts anderes vorstellen, als auf den Freund zu warten. Die Freundin wusste, dass ihr Freund an diesem Wochenende aus der Bundeswehr entlassen wurde. Sie wartete auf einen Anlass, aus dem üblichen Familienkaffee abgehen zu können.

Sie wollte auf keinen Fall in ihrem Zimmer auf seinen Anruf warten. Sie wollte ihm entgegengehen.

Die Uniform hatte schließlich doch noch mehr gebracht, als er zu hoffen gewagt hatte. Seine Tage beim Bund waren zu Ende. Ohne wählen zu müssen, trug er wieder seine Jeans. Die hatten eine Menge Staub geschluckt. Er war mit ihnen viel herumgekommen, doch nirgends hängengeblieben. Die Zeit beim Bund hatte ihn aufgehalten, aber jetzt konnte er sich mit ihnen endlich wieder auf den Weg machen. Er rief seine Freundin nicht an, er rief seinen Vater nicht an. Nachdem er die Ausgehuniform und alles andere ordnungsgemäß abgegeben hatte, konnte er sich sofort auf den Weg ans Meer machen. Er war alle Schritte in Gedanken immer wieder durchgegangen. Er war nicht darauf vorbereitet, dass seine Freundin dicht beim Kasernentor stand, neben dem Wagen ihres Vaters. Sie wollte ihn überraschen. Er war noch weit vom Tor entfernt, als er bemerkte, wie jemand hinter dem Zaun den Arm zu heben begann. Im Augenblick des Wiedererkennens den Arm heben und die Hand in einem Viertelkreis nach links und rechts wischen lassen, als müsse aus einer vereisten Scheibe ein Durchblick ausgeschabt werden. Trotz des Schrecks hatte er genug Beherrschung, nicht in die gleiche Bewegung zu verfallen, er schwenkte schroff nach rechts weg. Er war ziemlich sicher, dass seine Freundin ihre Armbewegung abgebrochen hatte, weil sie gemerkt hatte, dass das nicht ihr Freund gewesen sein konnte. Jedenfalls hoffte er das und nahm den Weg zu einem kleineren vernachlässigten Diensteingang am anderen Ende des Kasernengeländes.

Er musste drei Mal umsteigen und mochte die Fahrt nicht. Er überlegte, ob die Fahrt eine Probe sein sollte. Vielleicht war sie im Zug und beobachtete ihn oder ließ ihn beobachten. Er wäre gerne durch den Zug gegangen, um nach ihr zu suchen. Aber, obwohl er das auf keinen Fall hatte machen wollen, hielt er eine langstielige rote Rose in Transparentpapier in der rechten Hand und hätte es sehr unangenehm gefunden, an allen Zugpassagieren vorbeigehen zu müssen mit der Rose in der Hand.

Selbst die Leute, die das dicke »Es« von Stephen King zu lesen vorgaben, blickten auf, wenn er mit dieser Rose in ein Abteil trat. Er hätte den Leuten zu gerne gesagt, dass sie sich irrten. Die Rose war keine Rose, sie bedeutete nicht, was sie sich dachten, und es war alles keineswegs so, wie sie meinten. Er hatte erst ein Parfum kaufen wollen, hatte aber die vielen Düfte auf den Papierchen, auf seinem Handrücken und schließlich sogar auf den weichen Fingern der Verkäuferin nicht mehr unterscheiden können, war aus der Parfümerie in ein Blumengeschäft geraten. Er hatte beim Eintreten nur gewusst, dass er auf keinen Fall eine rote Rose in Transparentpapier kaufen wollte. Man hatte ihm eine rote Rose verkauft, und er hatte an der Rose festgehalten. Es war nicht seine Schuld, wenn die Mitreisenden sich unsinnige Gedanken machten. Er erleichterte sich die Fahrt, indem er einfach die Augen schloss. Im Übrigen griff er mit der freien Hand häufiger nach dem Schlüssel in seiner Tasche und versuchte, sich die Ankunft im Bungalow vorzustellen. Endlich kam er zu dem Turm und öffnete die Tür zu der Stube, in welcher Dornröschen schlief. Da lag es und war so schön, dass er die Augen nicht abwenden konnte, und er bückte sich und gab ihm einen Kuss. Wie er es mit dem Kuss berührt hatte, schlug Dornröschen die Augen auf, erwachte und blickte ihn ganz freundlich an. Ihm war nicht unangenehm, dass sie bei Tageslicht immer älter ausgesehen hatte, als er sich fühlte, er hoffte, dass sie ihm bei der Sache helfen würde, und er war eigentlich optimistisch, eine gute Figur zu machen. Manchmal dachte er aber auch, ob das, was er da machte, überhaupt noch das war, was er wollte. Vielleicht hätte er doch erst mal in Ruhe sich wieder zu Hause im richtigen Leben einrichten sollen, eh er sich auf so etwas einließ. Er kniff die Augen fester zu und versuchte sich klarzumachen, dass ihn ein Abenteuer erwartete, an dem nichts falsch sein konnte.

Der Bungalow lag unmittelbar unter dem Deich, ungeschützter als er sich das vorgestellt hatte. Eingeschnürt von einem Behelfszaun drängelte sich der Bungalow mit etwa zwanzig baugleichen Bungalows auf einer Pferdekoppel.

Das Taxi hatte schon wieder gewendet und war zum Bahnhof zurückgefahren, noch ehe er die Türe des Ferienbungalows hatte aufschließen können. Hinter ihm gab es nur Pferde, weit wegfliehende flache Wiesen und irgendwo den Anfang eines Fahrweges, der aber nur mit einem Taxi zu bewältigen war, unter einem Fußgänger kein Ende nehmen würde. Eins der Pferde, die zwischen den Bungalows freien Auslauf zu haben schienen, ließ ihn nicht einmal in Ruhe die Türe aufschließen. Es drängelte sich an ihn heran. Pferde hatte er noch nie gemocht. »Er aber nahm Aschenputtel aufs Pferd und ritt mit ihm fort.« Wenn dieser Satz ihn durchwehte, sah er Aschenputtel in seinen Armen, nie die Umrisse eines Pferdes. Aschenputtel war natürlich nicht aufs Pferd gesetzt worden, sie konnte nur in das niedliche Cabriolet gehoben worden sein, in dem sein Vater mit ihm Fahrten in den Sonntag veranstaltet hatte, seitdem seine Mutter verschwunden war.

Pferde hatten zu große und zu schwarze Augen. Sie guckten böse, mit ihren Riesenzähnen drohten sie zu beißen, traten heimtückisch mit ihren ruhelosen Hufen. Er mochte keine Pferde und war froh, als er die unbekannte Tür endlich geöffnet hatte. Er hatte erwartet, dass ihm warme Zimmerluft entgegenschlagen würde, vielleicht hatte er auch erwartet, sie schon auf dem Bett liegen zu sehen. Als der Prinz eintrat, erhob die kleine Seejungfrau ihre schönen weißen Arme, erhob sich auf die Fußspitzen und schwebte über den Fuß–boden hin, tanzte, wie noch keine getanzt hatte.

Er wusste nicht, ob er es schöner finden würde, sie schon im Bett liegen zu sehen oder erst noch angezogen am Tisch sitzend, hinter einem Menu wartend, einem Menu aus sieben Gängen. Der Schritt von draußen in den unbekannten Raum brachte keine Änderung, drinnen wie draußen. Der große Raum war feucht, kalt, klamm, sicher lange nicht geheizt. Sie musste dagewesen sein, denn ihr roter Lackkoffer, wie aus der Kindheit hinübergerettet, sprang ihm vom Tisch aus entgegen.

Er nahm den Koffer an sich. Er merkte, dass der Koffer geöffnet werden wollte. Er zögerte. Vielleicht hatte er ein Geschenk erwartet in dem Koffer, einen blauen Seidenmantel mit silbrigen Mondsi–cheln eingestanzt. Vielleicht wollte sie ihn festlich einkleiden, ehe sie selbst erschien. Vielleicht wollte sie ihn einkleiden, um mehr

Spaß zu haben, wenn sie ihn entkleidete und er ihr seine Brust zeigen konnte, während sie seine schmalen Hüften freilegte. Er dachte an den weiten blauen Morgenmantel aus Seide und spürte, dass er die Jeans zu eng gekauft hatte. Er hatte keine Angst, er konnte sich auf sich verlassen, er konnte zu sich stehen. Mit dem Seidenmantel wollte sie eine Weite um ihn breiten. Sie würde neugierig sein, eindringen in den blauen Schattenraum, Jägerin des Einhorns, mit ihren überlangen Fingernägeln ihn herauslocken aus seinem gekräuselten Versteck, sie würde ihn mögen, seinen Penis in seiner Zurückgezogenheit. Sie würde mögen, wenn er kam, von ihr aufgestört, aus blauem Schattenraum ihr entgegeneilend. Er war ganz sicher, eine gute Figur zu machen. Er hatte keinen Bauch einzuziehen, er würde seinen Po fest und rund andrücken, er wusste, sie würde Spaß daran haben, ihre Hände um ihn zu legen. Er wusste, er war nicht schlecht drauf, obwohl man nie sicher sein konnte. Er verbat sich den Gedanken, dass er in diesem Augenblick lieber Frau gewesen wäre, lieber einfach nur die Beine breit zu machen gehabt hätte. Er verbat sich diese Sprache der Kaserne. Diese Zeit lag hinter ihm, zum Glück. Er konzentrierte sich auf die silbernen Monde im himmlischen Blau. Er wollte nichts Unschönes denken. Vielleicht lag in dem Koffer etwas, was besonders zu ihm passte. Vielleicht hatte er erwartet, dass sie ihm ihr vergangenes Jahr in den Koffer gepackt hatte. Fotos einer großen Leidenschaft. Sie mit einem Mann über ein Cabrio gestürzt, zwei Eheringe, ein Familienstammbuch, eine Scheidungsurkunde. Vielleicht hatte er auch nur einfach ihre Kindheit erwartet. Vertrocknete Kastanien, viele Kastanien in

Watte gepfercht, mit Streichhölzern zur Schafsherde ausgebaut, einen alltäglichen Stein, von dem nur der Finder wusste, warum man ausgerechnet ihn vom Weg aufheben sollte, ihn und nicht die anderen. Vielleicht hatte er wenigstens ein Fotoalbum erwartet, sie in einem schicken Kleid, sie in einem anderen schicken Kleid, sie beim Betrachten einer Sehenswürdigkeit, sie ganz locker in irgendeiner Natur, sie am FKK Strand in Korsika. Vielleicht hätte er sich auch noch Briefe vorstellen können, die sie, seitdem sie sich kannten, immer in der Nacht an ihn geschrieben, aber nie abgeschickt hatte. Aber ehe er sich das alles vorstellen konnte, hatte er die beiden Verschlüsse schon geöffnet. Er klappte den Kofferdeckel auf und fand lediglich drei Schreiben.

Die Koffertexte

1. Schreiben

Sehr geehrte Frau, (Name ausgeschnitten)

zur Zeit sind sie arbeitslos. Ich wünsche Ihnen eine recht baldige Besserung Ihrer Lage durch den Erwerb und Erhalt einer gut bezahlten Stellung, die es Ihnen ermöglicht, Ihre alten Verpflichtungen abzutragen. Nachdem Ihr Kredit nun sehr notleidend geworden ist und unser Inkassobüro die Ansprüche gegen Sie von Ihrer bisherigen Hausbank erworben hat, wollen wir uns sehr persönlich um sie kümmern. Wenn Sie keinen guten Kontakt mit mir halten und mich nicht laufend über Ihr Schicksal und kontinuierlich über Ihre

Aussichten informieren, zwingen Sie mich, mich in einer Weise darum zu kümmern, die Ihnen unnötige Kosten verursachen würde, also eine Auskunft auf Ihre Kosten einschalten, einen Detektiv [DM 100,-- die Stunde] beauftragen usw. usw. Sollten Sie eine zu versteuernde Einnahmequelle erschließen oder auch gerne unversteuert hinterrücks Geld verdienen, so erwarte ich, dass Sie mich unverzüglich und wahrheitsgemäß informieren. Wenn Sie selbst sich mit mir nicht in netter Form in Verbindung setzen, müsste ich bei einem neuen Arbeitgeber sofort pfänden. Und das wiederum auf Ihre Kosten. Wenn Sie mich hingegen wie erforderlich über alle Änderungen Ihrer Lage informieren, werde ich sehr flexibel von unseren Forderungen Ihnen gegenüber jeweils entsprechend der Situation soviel geltend machen, dass Ihnen Luft zum Atmen bleibt. Auch mit kleinsten Scheinen zeigen Sie Ihren guten Willen, das Selbstverschuldete abzutragen. Immer für Sie erreichbar Ihr (Name ausgeschnitten)

2. Schreiben

Sehr geehrte Frau, (Name ausgeschnitten)

teile ich Ihnen im Auftrage des Klägers mit, dass nun auch die Räumungsklage gegen Sie rechtsverbindlich geworden ist. Mein Mandant geht davon aus, dass Sie vertragsgemäß spätestens zum letztmöglichen Räumungstermin eine renovierte, bezugsfähige Wohnung übergeben können. Die von Ihnen telefonisch erbetene weitere Verbleibduldung kann schon deshalb nicht eingeräumt werden, da bei der angespannten Wohnungslage die Nachmieter auf den Einzug am 1. des kommenden Monats unter Androhung des Rechtsweges bestehen.

(Name ausgeschnitten)

3. Schreiben

Sehr geehrte Frau, (Name ausgeschnitten)

verbinden Sie Ihre aussichtslose Lage mit einer guten Tat.

Spenden Sie Ihre Niere jetzt oder die eines Freundes oder eines Verwandten.

Noch bekommen Sie in der Bundesrepublik 70.000 Mark je Niere. Dumpingpreise aus Bombay werden leider auch bei uns die Preise für Organspenden schon in naher Zukunft in den Keller drücken. In Erwartung Ihres Anrufs.

Anlage:

Ausschnitt aus der FAZ vom 15.10.1990

Die Niere eines »lebenden Spenders« kostet zwischen 30.000 und 50.000 Rupien (etwa elf Rupien entsprechen einer Mark), für ein Stück Haut werden 1000 Rupien verlangt.

Udaya Ambi, 30 Jahre alt und Mutter zweier Kinder, hat ihre Niere verkauft, als im Mann seinen Job als Mechaniker verlor und die Familie nicht mehr genug zu essen hatte. »Es war die einzige Möglichkeit für mich, zu überleben und meine Selbstachtung nicht zu verlieren«, sagt sie.

Er merkte, dass er nicht in seinem Traum sein konnte. Er merkte nicht mehr, wie kalt und feucht es war in dem lange nicht geheizten Raum. Er sah die immer noch transparent verpackte Rose lang über den Tisch weg liegen. Er fand ein hohes Bierglas, ließ Wasser einlaufen und setzte die Rose mit Papier in das Wasser. Er öffnete die Türe, aber draußen gab es nur die Pferde, weit wegfliehende flache Wiesen und irgendwo den Anfang eines Fahrweges, der aber nur mit einem Taxi zu bewältigen war, unter Fußgängern kein Ende nehmen würde.

Warum war er in diese Falle gegangen, oder war es doch nur eine Probe. Warum hatte sie, die Namen aus den Briefen geschnitten, was würde sie hören wollen, wenn sie in diesem Augenblick einträte? Er öffnete die Türe zum Duschbad, er guckte in alle Ecken, in denen sich jemand hätte verstecken können, aber er war allein. Er wollte nicht einsehen, warum er in Verbindlichkeiten eintreten sollte, die er nicht verursacht hatte. Er ließ die Bilder rückwärts laufen und suchte nach der Stelle, wo er sich in ihr Leben hatte hineinziehen lassen. Er hatte einen Satz vergessen: »Hätten wir uns doch nur ein Jahr früher kennengelernt!« Er konnte nicht glauben, dass sie sich in Hinterlist an ihn rangemacht hatte. Sie hatte ihn nicht kennen können. Die Tanzfläche hatte sie zusammengeführt. Er war noch keine Verpflichtungen eingegangen. Noch konnte er gehen, vielleicht wollte sie ihm das offen lassen, ihn nicht in eine Falle locken. Der Weg würde sich weit hinziehen zu Fuß, aber das konnte auch guttun, selbst wenn er keinen Anschluss mehr bekommen würde. Eine Nacht auf einem fremden Bahnhof, was machte ihm das schon. Er nahm den Koffer, klopfte ihn ab. Aber es gab keinen doppelten Boden und keine andere Nachricht. Er las noch einmal die Briefe und verstand nicht, warum die Namen ausgeschnitten waren. Und wenn es eine Probe war? Wenn sie nur prüfen wollte, ob er zu ihr stand? Aber er wollte sich nicht vorstellen, dass jemand mit solchen Sachen spielen konnte.

Und wenn in wenigen Minuten ein Krankenhaus auf Rädern mit Blaulicht vorfahren und sie in Begleitung zweier stämmiger Pfleger und eines Operationsteams erscheinen und mit blaulackierten Fingernägeln auf ihn zeigen würde. »Fassen sie ihn! Entnehmen sie eine Niere, aber dalli!«

Er ging zur Türe, aber draußen gab es nur die Pferde, weit wegfliehende flache Wiesen und irgendwo den Anfang eines Fahrweges, der aber nur mit einem Taxi zu bewältigen war, unter Fußgängern kein Ende nehmen würde. Er hörte keine Sirene und sah auch in der fernsten Ferne keinen Krankenwagen. Er prüfte die Türe, zog sie zu und schloss sich ein. Er überlegte, ob er Möbelstücke vor die Fenster und die Türe rücken sollte. Dann ermahnte er sich, Ruhe zu bewahren. Er wäre jetzt gerne nach Hause in das geheizte Zimmer zu seinem Vater gestürzt. Er war sicher, dass sein Vater auf ihn wartete und nicht ahnte, dass sein Sohn für irgendeine Frau den Vater mit seinem Warten allein gelassen hatte.

Er hatte seinen Vater einfach stehen lassen, einfach herumstehen lassen, obwohl sein Vater nichts anderes tat, als auf ihn zu warten. Es war ihm, als stehe sein Vater im Zimmer, zur Wand abgekehrt, vielleicht über seine Verlassenheit gebeugt, vielleicht sein heimliches Schluchzen verbergend. Er wollte alles bekennen und zurückkehren in die Arme seines Vaters, er fasste den Vater bei den Schultern und drehte ihn zu sich um, und der Vater sah von oben auf ihn herunter, ließ zwischen seinen Lippen einen frisch gedruckten Scheck flattern im Windzug seines großen stillen Lachens. Er schob seinen Sohn bei Seite und trat auf sie zu, die hinter ihm in ihren goldenen Hochhackigen in den Raum getreten war, riss sie vom Boden hoch in seine Arme. Wiegte sie auf seinen Armen und ließ den Scheck von seinen Lippen in ihren Mund hinüberschlängeln. Sie ließ sich alles ohne Gegenwehr gefallen. Als sie einen weißen Hochzeitsschleier, den sie hinter ihrem Rücken verborgen gehalten haben musste, erst über sich, dann auch über seinen Vater gezerrt hatte, blieb von den beiden nur ein Lachen im Raum zurück.

Er sah, dass er alleine in dem kalten Raum des Bungalows zurückgeblieben war, und er erinnerte sich, dass sein Vater ihm bei dem ersten Kennenlernen dieser Frau mit der übergroßen Nase, erfolglos kleingepudert, seine Phantasie zu entwenden versucht hatte. Er las zum dritten Male die Briefe aus dem roten Kinderkoffer. Er meinte, sie besser zu verstehen. Er sah seinen Vater, er sah, wie hilflos sein Vater sein musste, wenn er vor ihn hintreten würde Hand in Hand mit ihr und dem Vater in aller Kürze und geschäftsmäßig die mündliche Mitteilung zukommen lassen würde, dass er mit dieser Frau nicht nur in die Ehe, sondern auch als Bürge in alle ihre Verpflichtungen eingetreten sei. Und dann würde er seinem Vater die Bürgschaftssumme nennen, genau bis auf den Pfennig, und dann würde er seinen Vater mit dieser Nachricht alleine lassen, ganz alleine lassen und sie in sein Zimmer hinauftragen, und er würde das Zimmer nie mehr abzuschließen brauchen.

Er fühlte, wie kalt seine Füße schon waren, die engen Jeans wärmten nicht, er überlegte, ob ihn die Kälte fiebern ließ. Er musste vor allem ganz ruhig werden. Vielleicht musste er die Heizung anwerfen. Er ging zur Türe, um sie zu öffnen.

Er hatte nicht länger vor, sich ängstigen zu lassen. Es war nicht sein Traum, in den er da geraten war. Wenn sie auftauchte, musste nicht er Rechenschaft ablegen. Er nahm sich vor, erst einmal sie reden zu lassen. Sollte sie erst einiges erklären. Warum musste er sich bekennen. Warum musste er überhaupt die Briefe gelesen haben und, wenn er sie schon gelesen hatte, warum musste er verstehen, dass ausgerechnet seine Niere gefragt war. Er musste wieder in die Offensive kommen, er musste die Türe öffnen und sich einfach zeigen.

Als er die Türe mit großem Schwung aufzog, erschreckte er sich nicht weniger als das Pferd, das sich von den noch feuchteren Weiden hinter dem Deich an den Bungalow herangeschoben hatte. Sein Zurückweichen musste es als Freundlichkeit gedeutet haben, vielleicht war es aber auch von den Töchtern der Feriengäste verzogen worden, jedenfalls trat es in voller Länge und Größe in seinen Bungalow. Er blieb an der Türe, um erst einmal abzuwarten, was dem Pferd noch einfallen würde, denn es kannte sich in diesem Raum vermutlich besser aus als er. Das Pferd drehte mit dem ganzen schweren Körper zu ihm um, sah ihn mit sprechenden Augen an und ließ einen goldenen Schuh aus dem Maul fallen. Weil das Pferd einen Schritt zurückgetreten war und sehr ergeben seinen Riesenkopf gesenkt hielt, wagte er sich bis zu dem Schuh vor und hob ihn auf. Der Schuh war ihm nicht unbekannt, er war nicht klein, aber zierlich, hochhackig, nicht sehr neu und golden. Der junge Mann erinnerte sich nur ungern an einen Satz aus dem Märchen, von dem er immer noch viele Stellen auswendig hersagen konnte: »Er aber nahm Aschenputtel aufs Pferd und ritt mit ihm fort.« Er hatte noch nie auf einem Pferd gesessen; auf dieses Pferd zu steigen, das hatte er bestimmt nicht vor, obwohl es begonnen hatte, seinen Kopf an seine Schulter zu lehnen, so als wolle es sich all seinen Anordnungen unterwerfen. Er ließ das Pferd einstweilen in dem Raum stehen und trat mit dem goldenen Schuh in der Hand unter den Türsturz. Draußen gab es die Pferde, weit wegfliehende flache Wiesen und irgendwo den Anfang eines Fahrweges. Und ganz in der Ferne sah er eine weibliche Gestalt in Bewegung. Er meinte, einen roten

Stretchrock über langen, unerhört langen Beinen sich dahinschieben zu sehen. Er konnte noch nicht sicher sein, ob sie auf ihn zukam oder aber sich entfernte. Er wusste nicht, was er sagen sollte. Er wusste nicht, ob er bleiben sollte, wo er war. Er hörte das Pferd wiehern, drehte sich aber nicht um. Er sah über ihren langen Beine ihre Figur aufwachsen, er dachte an die drei Briefe, die hinter ihm im rotlackierten Köfferchen aus ihrer Kindheit lagen. Warum ich, warum ich, warum ich, warum nur ausgerechnet ich, dachte er. Er sah jetzt, dass sie immer schneller auf ihn zukam, er war jetzt sicher, dass aus den weit wegfliehenden Wiesen eine Frau auf ihn zukam. Sie ging zwar auf langen, hoch aufschießenden Beinen, aber sie schien zu hinken, wie jemand, der auf Hochhackigen ausgegangen ist und einen Schuh verloren hat. Er sah, dass sie trotz des Hinkeschritts schnell näher kam. Sie kam genau auf ihn zu. Er blickte auf den goldenen Schuh in seiner Hand und wusste nicht, was er dazu sagen sollte, alle Ausgänge schienen dicht verriegelt, so oder so würde sie ihm eine Entscheidung abfordern.

Aschenputtel, ich bin so frei

(1)

Sich

den vorgeglühten Schuh

nicht anziehen,

ohne Gebrauchsanweisung

den Fuß setzen,

Asche aufwirbeln,

im Wirbel des Staubes

einfärben das Gesicht,

bis einem Spiegel fahl wird.

(2)

Grimms Zitat: »Ruck Guck Schuck – Blut im Schuh«

(3)

Den Schritt aushalten,

der ungebahnte Wege

auswirft.

Folgsam nur

der eigenen Unbestimmtheit.

(4)

Über alle Vorgaben schreiten,

unpünktlich.

(5)

Zögerlich

trittst du in dein Bild

und erwartest die Blicke,

die dir standhalten.

(6)

Dein Spiel

ohne Regel

fällt Bilder aus dem Rahmen.

(7)

In sieben Schubladen

züchtest du

dein tóhu wabóhu.

Gebrauchsanweisung zu einer Vollzweckautomatikküche

oder

was vom züchtig klugen, wohlausgewogenen Dosieren

zu halten ist

He, Mädchen,

lass das Automatic-Dosier-Spendier-Dosen-Ding

auf die Küchenfliesen knallen.

Hebe über tausend spitze Splitter

Deinen Liebsten auf den extrabreiten Küchentisch.

Ordne behutsam sanft ihm auf dem Nußholz seine Glieder:

Hände untern Kopf, Füße angewinkelt.

Stopf ihn voll

mit Salz und rohen roten Fischen,

Marzipan, Pfeffer, frischen Feigen rot und grün,

schmecke mit Zitrone ab,

in seine Nasenseufzer hisse Büschel grüner Minze.

Übergieß ihn – ungemessen –

mit dem trüben Öl aus Oliven

und aller Liebe, die du angesammelt hast.

Liebe wie Grießbrei, wird im Märchen mehr und mehr,

Liebe wie Bumerang, im Gedicht kehrt nicht zurück,

kehrt doch zurück,

Liebe wie die sieben Fischlein Jesu,

wurden erst unterm Essen ein Fischschwarm – Wort Gottes.

Blas ihm deine Hitze in die Lunge,

verschließ mit deinen Zungen ihm sein Ohr,

wirf deinen Blick in seine Blicke,

bis ihm atemlos sein Widerstand erstirbt.

Preß aus seinem Schoß Stoß um Stoß,

tausche Haut und Haar,

bis du nicht mehr sagen kannst,

wer du bist und wer er war.

Verlocken

Gleich nachdem er das Haus verlassen hatte, machte ich mich auf die Suche nach meinen Manuskripten, die ich in den vergangenen neun Monaten begonnen, aber meistens nicht einmal beendet hatte. An den unterschiedlichsten Stellen hatte ich sie vom Keller bis zum Speicherdach versteckt, unauffindbar für ihn.

Ich dachte an meinen Mann, der nichts verbergen konnte.

Er hatte im fünften Stock zu sitzen, links, dritte Tür rechts auf 12 Quadratmetern, Betreten des Dienstraumes für weitschweifende Phantasien untersagt. Seine Frau mit der hübschen Herbststoßfrisur nett anzusehen, hatte er zurückzulassen im bildschönen Eigenheim, seine ausschweifenderen Phantasien musste er hinter sich abwerfen, während ihn der übliche Morgenstau aus der Schlafstadt im Grünen in die City brachte. Im Auto war für Beinfreiheit gesorgt. Wenn Auslauf, dann nur kurzangebunden. Unvorhersehbare Sprünge nur im Urlaub. Jogging nur im immer gleichen Grüngürtelrest. Der Weg bis zur Garage. Die siebenhundert Meter zur Autobahnauffahrt, die neun Kilometer bis zum Dienstgebäude. Der Takt des Terminkalenders unbedingt einzuhalten. Der Farbtakt der Ampeln unbedingt einzuhalten. Während ich in unserem Eigentum freien Auslauf hatte, in den Garten hinaus konnte oder treppauf, treppab, um die Verstecke meiner geheimen Leidenschaften zu leeren, konnte er niemandem den Zutritt verwehren. Nur unterhalb seiner Schreibtischschublade blieb er ungesehen.

Kurz nur war sein Weg um den Schreibtisch, nur halb herum musste er gehen bis zum Aktenbock, dort den unveränderbaren Griff nach dem obersten Pappordner, der auf Eingang lag, ausführen, umwenden, zwei Schritte zurück. Aktendurchsicht, auch wechselnde Inhalte immer nur von rechts nach links blätternd, Seite für Seite. Nach Erledigung eines Vorgangs die Auszeichnung der Akte für den weiteren Verlauf. Der Weg zum kurzen Abwurf der Akte auf Ausgang nicht anders als zum Eingang, nur knapp um den Schreibtisch halb herum.

Im üblichen Stau konnte er das Gaspedal nicht so durchtreten, wie ihm zugestanden hätte für seine Dienste, die er dem Autokredit leistete und den nie endenden Kreditaufwendungen. Niemandem schien er leibeigen, hatte aber die Hypothekenzinsen am Bein und den üblichen Überziehungskredit für die alltäglichen Kleinigkeiten. Sein weitester Auslauf immer nur der Mittagsgang in die Kantine, 5 Stockwerke abwärts und durchs Freie zum Kantinenflachbau. Erregend immerhin das ungewisse Zuwarten auf die nächste Beförderung, der Kampf um Mitzeichnungskompetenzen, das Unvorhersehbare: außerplanmäßig ins Chefbüro gerufen zu werden zwecks Erledigung von Sonderaufgaben, an Sitzungen teilnehmen zu dürfen, die hochkarätig besetzt waren und so vertraulich zu behandeln waren, dass er nicht einmal mir davon erzählen durfte. Die meisten Wege hundert Mal abgeschritten, selbst zu den langhin festgeschriebenen Terminen bei Ärzten geregelte Wege. Der alltägliche Weg am Abend zurück nicht anders als der Weg am Morgen zur Arbeit hin. Eng wurde er gehalten von allem, was wir Hand in Hand und in wiederkehrenden Gesprächen lange nur erträumt und schließlich erworben hatten, unbeirrbar lenkten ihn die Finanzierungsmodalitäten, die dazugehörten. Eng wurde er gehalten, auch Geisel für mich, die ich freien Auslauf hatte in Haus und Garten und Grund gehabt hätte, auf mein Leben in bester Lage neidisch zu sein.

Bei meinem Gang durchs Haus erinnerte ich mich an immer neue Verstecke, sammelte Blätter, Blätter, Blätter. Die Sätze wiederholten sich, ich war froh, dass meine Texte nicht an Leser geraten waren. Warum nur hatte ich schreiben wollen. Erleichterung, dass niemand davon wusste, Mitgefühl mit den Männern, die in den Zentren der Investitionsstandorte dieser Erde an Schreibtischen angekettet waren und an ihrem Aufstieg arbeiteten, hingegeben an die Wiederholung, bezahlt für den Verzicht auf unerwünschte Bewegungen, bezahlt für die Darbietung erwünschter Gesten. Ohne Auslauf in unkontrollierbares Unterholz, geführt von ihren Terminkalendern, Hörer von Diensttelefonen aufnehmend und weglegend, in Konferenzsesseln nach einer bereitgestellten Mineralwasserflasche greifend, Kongresszentren durcheilend, die Zimmer der Hotelketten an wechselnden Orten für eine vorübergehende Nacht auf Kosten des Dienstherrn beschlafend. Ich hatte mir das Schreiben herausnehmen wollen, hatte meinem Mann nicht angerechnet, dass auch er einmal weitläufigeren Phantasien hatte folgen wollen. Ich war frei, mich in Haus und Garten mit dem Licht der Jahreszeiten zu bewegen, ich war frei zu schreiben und alles auch wieder zu zerreißen, niemandem zur Vorlage verpflichtet. Ich zerriss das Papier, zerriss es immer wieder, achtete darauf, nichts auf dem Weg zu verlieren und trug alles in den Garten und schichtete es in der steingefassten Kule für das Grillfeuer, warf das Zeitungskonfetti darüber aus und legte spröde Tannenzweige obenauf, damit kein Wort auffliegen konnte, kniete mich zum Feuerzünden und trat vor den Flammen zurück, die im Wind aufsprangen.

Wie leicht flog es himmelwärts, Papier in Flammen, in der Luft verwirbelt, aus abgebranntem Schwarz Wörter glänzend, lesbar, über die Grenzen unseres Gartens gleitend. Meine silbrigen Texte eingebrannt in schwarze Windvögel landeten wer weiß wo, zerfielen im Wind.

Ich wollte keine Leser für meine Texte, ich machte Schluss mit dem Schreiben und nahm mir vor, Vernunft anzunehmen, und strich mir die Ziege, mein Lieblingstier, aus dem Kopf, wartete auf kein Telefon und deckte einen Herbsttisch ein für unser Abendessen zu zweit.

Ich teilte Auberginen, ließ sie im Salz ihre Bitternis ausschwitzen und machte mich daran, ein Essen anzurichten nur für uns beide. Beide hatten wir den Hypothekenkredit unterschrieben. Hatten wir uns nicht beide in die Zinsregeln zu fügen? Ich schämte mich, dass ich mir eingebildet hatte, hinterrücks schreiben zu können. Ich warf mit dem Spaten Erde über die ausgebrannte Papierasche und verwischte die allerletzten Schreibspuren, die zu entziffern sich ohnehin niemand herabgelassen hätte. Mein Mann, den ich einmal heftiger gemocht hatte, mein Mann, der zur Hochzeit keine Videokamera zugelassen hatte, mein Mann, der sich seit der Hochzeit kreditwürdig verhalten hatte, obwohl er bis zu seinem ersten Examen bedingungslos die Expropriation der Expropriateure durch die Expropriierten in Wort und Flugblatt gefordert hatte, mein Mann drohte still zu werden, in den Schultern gebeugt, vorhersagbar im Gang, papierfarben im rasierten Gesicht. Das alles für mich, und ich war meinen Heimlichkeiten verfallen und versuchte, was zu nichts führte, uns aber auseinanderbringen musste. Und ich dachte an die weiten Schritte, die ich den Tag über durch unser Eigentum machen konnte, während mein Mann unsere Schulden abarbeitete und das tägliche Leben verdiente. Wo ließ er seine Phantasien, die in sein Dienstzimmer und die Konferenzen nicht passten, schon gar nicht in den Aktenkoffer. Warf er sie aus dem Seitenfenster, wenn er zur Arbeit gestaut wurde, nahm er sie wieder auf, wenn er zurückgestaut wurde am Abend zu seinem Eigentum? Was wusste ich?

Hatte er es sich nicht verdient, wenigstens nach der Rückkehr mit ausschweifenden Schritten durch unser Haus zu treten und in den Garten zu eilen und umtriebige Maulwürfe zu erschlagen.

Hatte ich nicht die Zeit, Vorbereitungen zu treffen, um ihm Lust zu machen auf ein unerwartetes Essen bei Kerzenlicht im Herbstabend, Lust auf eine noch unerforschte Frau, die in unbekannte Abenteuer samtroter Nächte zu verlocken wusste, abseits der Kreditzinsen und der Hausratversicherung.

Wo in seinem Aktenkoffer sollte seine Phantasie sich eingenistet haben? Er, der Mann, seine zuvorkommende Telefonstimme vom Schreibtisch weg, es war schon nicht mehr viel dran an ihm, an Aufsässigkeit und unerwartetem Blick. Ich dachte an Hänsel und Gretel und den Zweigstellenleiter unserer Sparkasse und beschloss, Gretel zu sein. Ich deckte den Tisch mit Herbstlaub aus dem Garten, zog eine Blätterspur ins Treppenhaus. Ich stellte mich meinem Spiegel, für den ich so lange keinen Blick mehr gehabt hatte und drehte mich leicht seitwärts ein, so, wie er mich am liebsten mochte. Mit mir mochte es angehen, aber die Kleider waren abgetragen, kein Rock saß toff. Zu spät, Neues zu kaufen, ich ließ es bei dem Sommerkleid, das am meisten Weiß um mich auslegte und nach unten mit überreichlich Stoff von mir abstand. Ich konnte meine Hände auflegen und in den Falten verstecken. Ich puderte mein Gesicht winterblass und gab ihm einen glänzend schwarzen Mund, machte die Lippen, die bei der Suche nach den Wörtern so schmal geworden waren, wieder voll und breit und stieg in die roten Hochhackigen, die sich grellend vom dunkelnden Herbst abstießen.

Wie würden wir uns freuen, uns um den Hals fallen, herumspringen und uns küssen! Ich wartete auf seine Rückkehr, als ob er unpünktlich hätte sein können.

Ich hatte lange nicht gewartet, lange nicht mehr gewusst, wie gewartete Zeit sich dehnt. Ich ging um den Tisch, fand aber nichts mehr zu tun. Ich stand bereit, der Tisch stand bereit, aber die Zeit, die gehen musste, damit er endlich kommen konnte, machte sich breit und zäh. Ich ging zum Spiegel, der hatte nichts an mir auszusetzen, aber in meinen Augen war ich voll von Schuld und Sühne, blickte so traurig übervoll mit Erwartung, die ich meinem armen Mann so lange schon vorenthalten hatte, blickte voller Lust und voller Ängstlichkeit. Ich hatte Schuld, ich wollte sühnen, aber nicht in Sack und Asche, büßen wollte ich in unbeherrschter Lust. Die Zeit ging nicht, ich lief die Treppe abwärts zur Türe, öffnete sie zu einem schmalen Blick hinaus.

Die Straße zog sich leer. Am Tisch war nichts zu verbessern. Mir fiel ein, wie oft er mich bedrängt hatte, es mit ihm in einem Schlafsack á la Hemingway zu treiben.

Nie mochte ich, hatte aber, weil er nicht aufhörte zu drängen, »For whom the bell tolls« in Englisch gelesen. Nach der Lektüre mochte ich enge Zelte immer noch nicht, stellte mir die Enge eines Schlafsacks keineswegs weniger unerträglich vor.

Muffig und noch im dunklen Holzgeruch von Lagerfeuer lag im aufwendig gefliesten Keller ein armes Hauszelt eingerollt neben seinem Schlafsack. Auch den hatte ich als Versteck für meine heimlichen Texte missbraucht. Ich dachte an Schuld und Sühne und Sack und Asche und meine geheime Buße. Die Zeit, die sich bis zu diesem Augenblick so unbewegt ausgebreitet hatte, schien plötzlich flüchtig, aber es konnte noch gelingen. Das Kleid fallen lassend, stieg in die Jeans, die mich am heftigsten umfassten und mir meinen Po zurückgaben, ließ die roten Hochhackigen an der Rasenkante zurück und baute das Zelt auf unter dem Ast des Nussbaumes, der am weitesten über den Rasen hinausstand. Den Strümpfen ließ ich in der Eile ihr wiesennass, dehnte meine Figur höher hinaus beim Einstieg in die Roten mit Risikoabsatz, tupfte Patchouli, wohin ich in der Eile traf. Über einem dicken blauverwaschenen Pullover, der anzudeuten verstand, dass ich ihn auf bloßer Haut trug, schulterte ich den Schlafsack und machte mich aus dem Haus.

Ich wollte ihm entgegengehen. Neunhundert Meter bis zu unserer Autobahnabfahrt. Neunhundert Meter jahrelang unbeachtet gefahren, aber nie gegangen, die langen Schritte durch den Blick der Nachbarn, bei ihren Besen stehend, gewillt, störendes Herbstlaub schon im Herabfallen zu bekämpfen. Mit roten Hochhackigen betrat ich ihre Straße, einer Nichtsesshafte gleich, auf der Durchreise ohne eigenen Wohnungsschlüssel. Dunkel wehte mein Patchouli über die ordentlich sortierten Vorgärten hin. Keine Angst, ihr Nachbarn. Ich werde nicht nach einem barmherzigen Glas Wasser fragen. Ich werde nicht darum bitten, die Toilette benutzen zu dürfen. Keinesfalls im abendlichen Dämmern geleerte Bierflaschen auf den Bürgersteig fallen lassen. »Was hat die denn? Was ist denn in die gefahren?« Aus startendem Wagen wäre mir mein Abgang leichter von der Hand gegangen.

Ich beschleunigte meinen Schritt. Mein ausschweifendes Parfum ließ sich nicht an mir halten. Ich musste sie alle abschreiten, die kniehohen Mäuerchen, die selbstgestrichenen Naturholzzäune und die akkurat auf Linie gestutzten Ligusterhecken. Ich versuchte meinen Blick aufzurichten und den Schritt meiner Hochhackigen gedämpfter zu halten.

Der Himmel hing als schwarzer Sack auf alle Straßen herunter und drohte mit Regen, der aber nicht fallen wollte. Ich warf meinen Blick mir weit voraus, drehte mich nicht um nach den Nachbarn, prüfte nicht, ob sie mit aufgestemmten Besen an der Straßenkreuzung verharrten, beratend, ob sie mich ungestraft ziehen lassen durften. Ich wünschte mir, keine Angst vor Männern zu haben. Ich wünschte mir, einmal wie ein Mann unter freiem Himmel frei gehen zu können, ohne mich umzusehen, ohne mich vorzusehen, unbeschützt und ganz allein aus mir.

Es gelang mir trotz allem, die niedlich geordnete Wohnstraße hinter mich zu bringen und wegzueilen in die weite Ausfallstraße Richtung Autobahnausfahrt. Neben meinen Schritten fuhren die Autos dichter gegen mich auf, hielten sich mit ihren Scheinwerfern knapp auf Distanz, heimgezogen im verfrühten Abenddämmern aus den Stadtbüros zurück in ihre geheizten Garagen. Als die Autobahn lauter wurde, verlor mein Fußweg seine Pflasterung, wurde immer schmaler neben der Bundesstraße hergeleitet und musste sich am Ende die knappe Breite mit dem Radweg teilen.

Nach jedem neuen Schritt einhalten und zurückblicken, absichern gegen Radfahrer. Hatten sie mich endlich eingeholt, musste ich stehenbleiben, seitwärtsgedreht, das Rückengepäck hinter mich ins überhängende Gesträuch stoßend, musste mich noch schmaler machen, wenn die Radfahrer unerwartet knapp an meiner Schulter vorbeiwischten. Ich wollte nicht angefahren werden, nicht mitgeschleift, nicht angetippt. Ich wünschte mir, keine Angst zu haben, dass sich Männer von hohen Rädern auf mich stürzen könnten.

Ich machte mich so schmal ich konnte, beobachtete, wie die Schulterfiguren über ihren Lenkern größer wurden, mich einholten und achtete darauf, dass sie an mir vorbeifahren mussten, ohne mich berühren zu können. Fast am Ziel, zögerte ich, ob ich auf dem Fußweg stehenbleiben sollte oder auf die Autobahn zugehen. In weiter Kurvenbahn löste sich die Autobahnausfahrt von der hochliegenden Autobahn, ehe sie in die Bundesstraße einfloss.

Buße richtet auf, ließ mein Haupt stolzer aufsitzen, ich überquerte zwischen den Autos hindurch die Fahrbahn und ging dem erwarteten Mann weiter entgegen, betrat die Autobahnabfahrt, zu der Tramper nicht zugelassen sind, Sack und Asche, ging ein Stück die Böschung aufwärts, so dass er mich früh genug sehen musste, ließ den Schlafsack ins feuchte Gras ab, bat zum tieferhängenden Himmel, mit dem Regen noch an sich zu halten, die kurze Zeit noch, und bemühte mich, den langsam an mir vorbeistauenden Autos mein Desinteresse zu zeigen.

Ich hoffte, dass mich niemand erkennen würde und war nicht mehr so sicher, ob ich so weit hätte gehen sollen. Ich war noch nie getrampt, fühlte mich aber wie lange unterwegs. Ich dachte mir Geschichten aus, wie es weitergehen würde, wenn ich zu dem oder dem Fahrer einsteigen würde. Sah immer wieder unsinnigerweise auf die Uhr, als ob er hätte zu spät kommen können. Es beruhigte mich, wie die Männer hinter ihre Lenker gefesselt waren. Die meisten trugen Krawatten, ordentlich, und schonten nicht einmal die teuren Sakkos. Wie wenig auszuhalten, wenn dieselben Männer zu Fuß, auf Pferden und Kamelen an mir vorbeigezogen wären, unrasiert und ohne Führerschein, wie berechenbar der Fließstau Männer macht. Sie hielten ihre Lenker, selbst bei längerem Halt zupfte niemand die Augenbrauen, niemand bohrte die Nase auf oder kämmte die Haare in Fasson. In jedem Wagen Instrumente in grünes Nachtlicht zerfließend.

Vereinzelt wählten Fahrer mit der Rechten irgendeine Telefonnummer, nur wenige sehr junge Männer in Dröhnung, aus gelbschwarzer Karosserie erst ihren Wendekreis beschallend, dann das Kaarster Autobahnkreuz, den Globus, schließlich ins All hinaus und darüber hinaus.

Kein Wagen hupte empört, als mein Mann den Wagen für mich anhielt, sehr verkehrsordnungswidrig. Niemand störte, dass er für einen Moment den Takt nicht hielt im STOPANDGO, welches die Autos zur Ausfallstraße brachte. Ich fühlte die musternden Blicke aus anderen Wagen und ahnte die Geschichten, die sie mir anhängten, während ich auf den Beifahrersitz zu meinem Mann in den Wagen stieg und hinter engen Jeans die roten Hochhackigen nach innen zog. Es tat mir gut nach der feuchten Dämmerung, dass mein

Mann mir gefallen hätte, so wie er hinter seinem Steuer saß und seinen Wagen lenkte, ich hätte nicht gewusst, wie mit ihm ins Gespräch kommen.

Ihm fiel gar nicht erst ein, mich für eine Tramperin zu halten. Er hatte mich mit einem Blick erkannt und hätte beim Ausscheren aus der Autobahn unser Haus sehen können, wenn nicht die Grünbewachsung es verstellt hätte. Ich musste ihm nichts erklären. Wie üblich brachte er sechshundert Meter stadteinwärts im gestauten Wagen hinter sich, ehe er ausscheren konnte und freie Fahrt in unsere Wohnsiedlung hinein hatte, dreißig Kilometer Zone. Autofahrer schont spielende Kinder. Wie üblich wollte er den Wagen in die Garage setzen.

Ich schob meine linke Hand von seinem Knie weg in Ruhelage auf seinen Oberschenkel und bat ihn, den Wagen neben unserem Gartenzaun einzuparken, ganz am Ende, wo der Garten in das Sichtschutzwäldchen übergeht, wo Autopärchen, die heimlich für den Führerschein trainieren, unauffällig ihre Plätze wechseln und manchmal im Winter über Mitternacht hinaus den Motor laufen lassen.

Ich nahm ihm die Wagenschlüssel ab, verriegelte und ließ die Schlüssel in meinen Jeans verschwinden. Er zögerte, sich vorzustellen, wie von mir gefordert, dass wir unsere Haustürschlüssel verloren haben könnten. Ich forderte ihn auf, uns ohne Schlüssel irgendwie über den Zaun in unser Eigentum zurückzubringen. Er half mir nach zwei vergeblichen Versuchen über den Zaun und stieg mir hinterher. Wir brachen in unseren eigenen Garten ein. Ich sagte ihm, dass mir kalt sei, er fand sein Haus verriegelt und wusste nicht einzusteigen, mit meiner Hilfe entdeckte er das Zelt und öffnet es für mich.

Ich sagte ihm, dass mir immer noch kalt sei. Er nahm mir den Schlafsack ab, breitete ihn und nahm mich mit hinein. Jetzt sei es mir zu warm, sagte ich verschmitzt klagend.

Schuld und Sühne, Sack und Asche. Mich ekelte der Geruch von Kellermuff und feuchtem Feuerqualm so dicht an meiner Haut. Aber ich wollte Wiedergutmachung leisten. Ich wunderte mich, wie leicht mein Mann von irgendeiner Tramperin ins Gebüsch zu ziehen war, ich war noch unentschieden, ob ich verletzt sein sollte oder stolz auf meine Wirksamkeit. Albernheit stieg in mir auf, das Gefühl in hinderliche Kleidungsstücke verwickelt zu sein in einem viel zu engen Schlafsack, nicht mehr angezogen, aber auch lange noch nicht nackt. Ich versuchte, mich zu ermahnen, wieder ernst zu werden, ich stellte mir vor, wie ich in der Küche stehe, Auberginen zu halbieren habe, zögernd, ob ich sie lieber in Scheiben schneiden sollte, kleinfingerdick, ob ich sie in grobem Salz schwitzen lassen sollte oder in feinem mit Jodzusatz.

Ich versuchte, die Rückenlage einzunehmen, warf die Arme weit bis an die Zeltwand hinter den Kopf, hob meine Brust aus einem Hohlkreuz hoch hinaus und schaffte es, die Beine leicht anzuziehen und so breit der Schlafsack zuließ auseinanderzuhalten, Sack und Asche, ich wollte ihm entgegenkommen, nur ernst wollte in mir nichts werden, obwohl ich guten Willen hatte. Ich fühlte, wie mein Bußopfer von ihm angenommen wurde, sein lockernder Begleiter, auch Penis genannt, sich aufrichtete aus seinem Versteck unter den ziegenbraunen Haaren, in deren feste Kräuselung nackt auf weiten Betten so angenehm hineinfassen war. Im engen Schlafsack keine Bewegung zu verbergen. Mein Mann, von mir befreit aus dem Büroalltag, ungenannten Phantasien hinterhereilend. Ich aber lag eingeschnürt und hätte erst einmal den Schlafsack sprengen, das Zelt einreißen wollen.

Da entfernten sich von unserem Zelt eilige Schritte und verloren sich im Laub. Ich sah uns ausgespäht und fühlte mich plötzlich unter neidischen Blicken, fühlte mich auf und niedergewendet und fühlte mich wohl unter begehrlichen Augen. Schönste Frauen im Elsternkleid um unser Zelt gedrängt und erregte Knaben im Nussbaum hoch über uns versteckt.

Mit ihren Blicken hatten sie nicht an sich halten können, ihre Blicke entgingen mir nicht im dunkelnden Zelt und nicht, wie sie sich über unsere Lust hermachten. Der Mann, der über mich kam, beugte seinen Mund an mein Ohr und hüllte mein Gesicht in überfließende Haare wie aus einer endlos gepuderten Perücke. »Achten Sie nicht der Hofschranzen Madame, wenn Wir jetzt unter öffentlicher Aufsicht einen Zeugungsakt gemäß dem Protokoll zu vollbringen haben. Ich schwöre Ihnen, so wahr man Mich den Sonnenkönig heißt, in Wirklichkeit treiben Wir nichts anderes als die Liebe. Sie und Ich, meine Liebste. Folgen wir unserem Laster unter aller Augen, gegen die Sitte und gegen den Willen der Natur. Folgen Sie mir als Meine Komplizin in die Abgründe der wahren Liebe.« Alle Albernheit fiel ab von mir, ich vergaß meinen Körper, mir vergingen der Geruch und alle Einzelheiten, die Enge, die Dunkelheit und auch das Dämmerlicht.

Als wir beide unbewegt lagen, dachte ich, wie viele Jahre ich mich schon leichtfertig um den Schlafsack gebracht hatte.

Ich versuchte, mich in die Arme meines Mannes einzukuscheln und flüsterte ihm ins Ohr bekennend: »Ich möchte so gern ein Kind von Dir.« Ich hörte, wie ich das sagte, vielleicht meinte ich es auch so.

Verschwiegenes trotzdem Liebesgedicht

Mein liebster Mann,

ich wiege mich auf Dir

in weichen Träumen.

Nicht immer träum ich nur von Dir.

Nicht traurig sein.

Wenn wir so aufeinander sind,

dann misch ich Dir hinzu

so manchen schönen Mann

mit schmalen Hüften,

mit Händen zart,

die neue Lust erfinden.

Du streichelst lieb

und gutgemeint.

Doch er

streicht durch mein Ohr,

lockt mich in flüsternde Geschichten.

Mit meinem Speichel verschließ ich Dein Gehör

und beiße Dir das Sehen aus

und flieg davon in seinen Düften,

doch meinen Schatten

lasse ich bei Dir.

Der deckt Dich gut,

und Du vermisst mich nicht.

Nicht traurig sein,

wenn Du erwachst, bin ich an Deiner Seite.

Seitlich der Autobahn 1989

Beschimpfung

Deine Gefühle hast Du nach Sorte und Verfallsdatum sortiert.

Wie stellst Du Dir unsere Vergangenheit vor,

nachdem die Zukunft schon jetzt von dir geregelt ist?

Früher machte uns unsere Liebe klein,

unsere Arme spannten über uns ein Zelt.

Heute erstrecken sich unsere Betten

durch unendliches Eigentum.

Selbst den Urlaubsreisen

reicht nicht mehr der Himmel über dem Kopf,

Villen vertreten gemietet das heimische Eigentum.

Jeder geht für sich zu Bett.

Noch ehe – Du ziehst die Bettlaken ab –

wir sie beschmutzen können.

Noch ehe – Du scheuerst die Böden –

ich meinen Tritt aufdrücken kann barfüßig.

Unter dem Streicheln

Deiner rosaroten PVC-Putzhandschuhe oder krassgrünen

wachsen die Fliesen ins Unbetretbare nässend.

Unaufhaltsam hast Du Deine Ordnung eingerichtet.

Töpfe, Schlachtermesser

hängen

an ihrem Platz.

Ich glaube, ich verstehe:

ich könnte krümeln,

ein Glas an seinem falschen Platz stehen lassen,

deine wohlsortierten Haare zerwühlen,

Gefühle aufwirbeln,

Gräser und Blätter vertrocknend ins Haus wirbeln

oder schlimmer noch:

ins Freie treten.

Nach Hause kommen

für Pina Bausch und ihr Ensemble

Ich wollte eine neue Geste nach Hause bringen.

Auf höheren Schultern

steckte stolzer mein Kopf.

Neugieriger hatte ich meine Blicke

ungeschützt

in fremde Augen gleiten lassen.

Fremde Blicke trieben meinen Schritt federnd.

Ich wollte eine neue Geste mit nach Hause bringen,

wollte unbekannt und anders sein.

Lange strich ich ums Haus,

nahm Anlauf

wie bei einem allerersten Besuch.

Ich wollte eine neue Geste mit nach Hause bringen,

ich hatte alle Finger voll mit unbekanntem Streicheln.

Wollte Euch den Teppichboden wegziehen, den vertrauten,

Euch das Badewasser bis zum Hals steigen lassen.

Eure Zierfische im Fernseher ertränken,

alle Ikeamöbel abfackeln

und aus der Spülmaschine eine Arche Noah bauen,

nur mit Euch und Euren Steiftieren

zu unbebauten Stränden rudern.

Ich hatte alle Finger voll mit unbekanntem Streicheln.

Lange strich ich ums Haus,

nahm Anlauf

wie bei einem allerersten Besuch.

In den Kanalschacht ließ ich meine Schlüssel fallen,

damit Ihr mir öffnen musstet, ungewohnt.

Ich wollte eine neue Geste mit nach Hause bringen.

»Ach, du bist es, Schlüssel vergessen?«

Die Neugier meiner Kinder

hatte sich schon

hinter die Geräte zurückgezogen,

noch ehe mich das Flurlicht zeigen konnte.

Nur Du zogst

in selbstredender Höflichkeit

die Wohnungstüre hinter mir zu.

Doch dafür dankte ich Dir nicht.

Ich wollte eine neue Geste nach Hause bringen,

hatte alle Finger voll mit unbekanntem Streicheln.

Stolzer steckte mein Kopf

auf höheren Schultern,

auf fremden Blicken federte mein Schritt.

Noch nie hatte ich

meine Augen

so weit geöffnet

in tiefen Stürzen kreisend

in fremde Blicke gleiten lassen.

Aber nichts davon nahmst Du mir ab,

außer –

selbstredend meinen vertrauten Mantel

und erfreut

die Familienpackung Klopapierrollen, vierlagig.

»Gut, dass du daran gedacht hast,

wir mussten uns schon mit Tempotüchern behelfen.«

Ihr tratet in die Räume zurück,

noch ehe ich mich zeigen konnte.

Niemand blickte mich an.

Den Teppichboden ließet ihr sich für mich ausrollen,

noch ehe ich Euch verschrecken konnte,

keiner versuchte,

mich aus unsrer Wohnung auszuschließen.

Kurz nur konnte mein Klingeln

Eure Häuslichkeit zerstören.

Routiniert kehrtet Ihr in

die Bewegungen zurück,

aus denen ich Euch zu kurz nur hatte aufscheuchen können.

Wie hatte ich Euch

in Furcht und Flucht jagen wollen

und in die Lust,

mir nachzustellen,

mich fiebernd und listig zu jagen.

»Ach wie schön, dass du wieder da bist.«

Abgelegt und eingeordnet

hatte Euer Kennerblick mich schneller,

als meine neue Stimme

an Eurem Ohr Euch zerren konnte.

Ihr erwogt keine Fluchtpläne,

mich mit meiner Geste unbekannt alleinzulassen,

Ihr drängtet mich nicht aus der Tür,

wolltet nicht verschont bleiben.

Schon gar nicht

brachtet Ihr Geschenke für den Gast,

Butter, Tee, Salz und Zucker,

meine neue Geste für euch einzunehmen.

Unser Wohnzimmer ging ununterbrochen seinen Gang,

alle Räume durften mich unverändert handhaben,

die Küche

das Wohnzimmer

    der Flur das Bad die Gästetoilette

        das Kinderzimmer mit Hochbett

            das Elternschlafzimmer

der Quetschbalkon zur Straße.

Niemand störte meine Schritte,

Ihr erwogt keine Fluchtpläne,

mich mit meiner neuen Geste alleinzulassen,

Ihr drängtet mich nicht aus der Tür.

Meine Geste öffnete Euch keine neuen Augen,

Euren Pulsschlag trieb sie nicht.

Stillschweigend wurde mir erlaubt,

was ich immer schon machte.

Noch aber setzte ich mich nicht in das Fernsehprogramm

für die frühe Abendfamilie.

»Ist dir nicht gut?«

Wo sollte ich mich aufhalten?

Wo unerhörte Schritte tun?

Im Flur hatte ich einen Auslauf, kurzschrittig.

Die Züge an der Zigarette

ersetzten mir lange nicht den Sturz durch die weite Welt.

Ich wollte eine neue Geste nach Hause bringen,

wollte Euch verstören,

in unbekannte Anfänge uns verstricken.

Übervoll war von Überraschung meine Geste.

Keiner hat sie mir abgenommen.

Bevor ich das Abendbrot machte,

erbrach ich überm Familienklo

und trat anschließend

mit belegten Broten und Knabberchips

mitten unter Euch

ins Familienprogramm.

»Geht`s wieder besser?«

Wenn ich gegangen wäre,

wer von Euch hätte

aufgestört

vom Schlagen der Türe

meinen Schritten nachgeblickt,

wie viele Neugiernasen platt an der Fensterscheibe?

Ach, so gerne

hätte ich Euch eine neue Geste mit nach Haus gebracht.

Meine Zigarette zündete ich mir wie selbstverständlich an –

alleine.

Dienstlich zu Michael Ende - amore in più

»Diesen Seitensprung mit mir wird dir dein Chef lange nicht verzeihen!« Das war ihr Begrüßungssatz, als sie sich in den nicht unbequemen Sesseln der Swiss Airline Maschine kurz vor dem Abheben um neun Uhr fünfunddreißig für den vierstündigen Flug einigermaßen entspannt eingerichtet hatten. Wie oft schon hatte sie ihre Angelhaken nach ihm ausgeworfen? Die Einladung zum Lou Reed Konzert in der Düsseldorfer Tonhalle, das von ihm abgelehnte Angebot danach in tiefster Nacht in ihrer Wohnung in Mainz noch einen Expresso zu trinken oder ein Glas Limoncello. Mindestens fünf bis sechs Mal hatte sie es versucht bei den unterschiedlichsten Gelegenheiten. Er konnte sich auch nicht verhehlen, dass so manches Mal einiges in ihm sich zu ihr hinbewegt hatte, aber noch war er Herr in seinem Haus. Er wollte keine undienstliche Nähe. Auch diesmal würde er diese Dame scheitern lassen.

»Vor den Augen des Intendanten haben wir um dich gefochten, obwohl du doch gerade erst aus Übersee zurück bist und dich in die Kampflage des ZDF in Deutschland erst wieder eingewöhnen musst und dein toller, toller Chef dich so gar nicht entbehren kann. Aber, wie du siehst, ich habe gewonnen, ich habe dich freigepresst. Für die Dauer dieses kleinen Ausfluges musst du nur mit mir an einem Strang ziehen. Am Freitagabend hat er dich dann zurück, dein Chef, dann dienst du wieder in der Mediathek für neue Medien.«

Florian saß auf dem Platz beim Fenster, seine Augen ließen sich hinausziehen in die Himmelsweiten, in die sich ihr Flugzeug verloren hatte, eingefangen zwischen Wolkenkissen, die in ihrem weißen Aufbauschen überflossen nahezu unmerklich in immer neue Auswucherungen und Gestalten, alles Quadratische vergessen machend. Ohne dass er das verhindern konnte, wechselten seine Augen, als folgten sie den Suchbewegungen der Nase, zurück aus den himmlischen Weiten zu seiner keineswegs abstoßenden Nachbarin, zu den an der Chefredakteurin in der Redaktion noch nie gesehenen, wie gewohnt alle Körperformen überwallenden vielfarbigen und glitzrigen Kleidern, deren Patchouliduft schon bald nach dem Start den gesamten Passagierraum überschwemmt hatte. »Du kannst mich auf diesem Trip und überhaupt außerhalb des Hauses wie meine besten Freundinnen Venja nennen, wenn du magst.«

Ohne darüber nachzudenken, dass er vielleicht eine wichtige Barriere einriss, bot Wolf Adler seiner Nachbarin an, ihn Florian zu nennen, jedenfalls für die Dauer der gemeinsamen Reise. Im Haus auf dem Lerchenberg in Mainz würden sie sich vermutlich wieder Siezen. Sie hatte von Mission gesprochen und ihn erst auf seine Nachfrage hin eingeweiht, dass er, der treueste Michael Ende Leser aller Zeiten, ihr helfen sollte, Michael Ende aus Italien nach Deutschland zurückzubringen, zumindest aber seine Unterschrift einzuholen, seinen Märchenroman „Momo" und vielleicht sogar den neuen großen Roman, an dem er zur Zeit wie besessen schrieb, vom ZDF mit allen Weltrechten verfilmen zu lassen.

Die beiden Luftreisenden vergaßen, sich in den weißen Weiten des Fensterausblickes zu verlieren, weil sie sich bis zur Landung in Rom-Fiumicino in Gespräche verstrickten, die keinen Freiraum ließen, abzuschweifen oder wegzudriften.

Die Rechte von Michael Ende zu erhalten, würde fürs ZDF sowieso, aber auch für seine Mitreisende, vielleicht sogar für ihn als Gehilfen, ein Riesenerfolg werden. Die frühen Texte Endes hatten bei entscheidungsmächtigen Redakteuren noch als zu märchenhaft, kindlich, als realitätsverschleiernd gegolten und waren mit dem Kampfbegriff »Eskapismus« niedergemacht worden. Venja, erst recht aber ihr Mitreisender, hatten sich schon von den frühesten Texten begeistern lassen. Mit seinem Märchen-Roman »Momo« hatte Michael Ende seit 1973 bis tief hinein auch ins linke Lager Menschen jeden Alters gewinnen können. Der Text wurde nicht nur von Elfjährigen verschlungen, auch junge Liebespaare lasen sich im Wechsel den Text vor, Tee trinkend und zurückgezogen in weich gepolsterte hinter Vorhängen orientalisch verborgene Liegeecken. Kaum einer, der Michael Ende nicht darin zustimmen musste, dass gefühlskalte und lebensunfrohe Herren von der Zeitsparkasse damit begonnen hatten, die Menschen zu entfremden von ihren eigenen Herzen und ihrer individuellen Leiblichkeit und Sinnlichkeit, um sie einem zunehmend sich beschleunigenden Prozess der Automatisierung, der Bürokratisierung, der Unmenschlichkeit und des sinnentleerten Arbeitens auszuliefern.

Ihre Landung machte es Florian unmöglich, Venja zu befragen, warum die Intendanz ausgerechnet ihr diese heikle Mission anvertraute. Mit der Landung hatte Venja ein neues Thema. Sie informierte ihren Mitreisenden, dass man an diesem schon halb angebrochenen Tag nicht mehr zu Michael Ende vordringen könne, weil der nur ohne jede Zeitnot und entspannt mit ihnen verhandeln würde. Das Treffen würde sich am Tag danach auf dem Gelände Michael Endes den ganzen Tag lang hinziehen, wenn Michael Ende und das Glück ihnen hold wären.

Vom Flughafen, der in der Mitte zwischen Michael Endes Haus und ihrem Hotel in Rom am Campo de` Fiori lag, ließ Venja sie in einem Taxi für diesen Nachmittag weg von Michael Ende ins Hotel transportieren. Obwohl die beiden vier Augen hatten, konnten sie das Hotel zunächst nicht entdecken, standen nach einigem Suchen vor einer alten Albergo, die zu Florians Freude ziemlich baufällig erschien, eher für Tramper hingestellt als für Fernsehmacher aus Mainz. Der Sohn des Hoteliers geleitete sie in die 3. Etage durch Gänge und über Treppen, die das Haus innen so baufällig und schäbig zeigten, wie es draußen ohne jede Beschönigung aus der Straße wuchs. Wie Florian erst jetzt erfuhr, hatte Venja das zweite Zimmer nur der Form halber gebucht, sie würden in einem Zimmer übernachten, denn Venja konnte sich seit früher Kindheit einer Klaustrophobie nicht erwehren, die es ihr unmöglich machte, ohne Vater oder Mutter und später ohne Freundin oder Freund in einem engen Zimmer im Dunkeln alleine zu bleiben. Florian war nicht unhöflich genug, ihr zu sagen, was er von diesem seltsamen Vorwand hielt, ihn nachts in ihr Zimmer zu verlocken, ja zu zwingen. Vom Hotelierssohn in einen extrem schmalen Raum geführt und darauf hingewiesen, dass allen Zimmerbewohnern nur dieselbe Etagendusche zur Verfügung stehe und überrascht von der schönen Aussicht in den reich bepflanzten Innenhof, dachte Florian, dass er der Chefredakteurin nie unterstellt hätte, sich auf eine so billige Tour an ihn heranzumachen. Florian erwartete von Frauen, die ihm näher kommen wollten, dass sie sich den Risiken stellten, die im Blickwechsel lagen und darin, aufeinander zuzugehen und die Fragen zu stellen, für die man sich eine Abfuhr einhandeln konnte. Florian war fest entschlossen, sich solch einem Verfahren, das irgendwelche Hotelzwänge vorschützte, damit Sex betrieben werden konnte, in keinem Fall auszuliefern, selbst, wenn er in dieser Nacht verstärkt die Lust verspüren würde, die er bei der Frau in der Patchouliwolke bis zu diesem Zeitpunkt immer wieder einmal an sich nicht ohne Genuss und Irritation feststellen musste. Mochte sein, dass ihm irgendetwas an ihrer Hand und Haut empfindsam weich und einnehmend erschien, vor allem aber an ihrem Blick. Die Frau, die das Unternehmen »Alle Filmrechte für `Momo´ ans ZDF« leitete, teilte dem Sohn des Hotelbesitzers mit, dass sie unverzüglich den Hotelier persönlich sprechen wolle, denn sie habe natürlich ein Zimmer mit WC und Dusche bestellt. Der Besitzer des Hotels war schnell zur Stelle, äußerte sein tiefstes Bedauern über das Missverständnis, buckelte und verbeugte sich mehrfach und versprach das Zimmer 57 - für den nächsten Tag allerdings erst –, ein Zimmer, welches garantiert eine Dusche und ein WC enthalten würde und einen wunderbaren Blick in die Gassen Roms ermöglichte. Für diese Nacht allerdings mussten die verehrten Herrschaften aus Deutschland mit dem Zimmer 46 Vorlieb nehmen. »Das gesamte Hotel seit Wochen ausgebucht.«

Das Zimmer war nicht nur eng, auch erstickend schwül, brachte nach Öffnen der Holzjalousie und des Fensters einen bunt durchmischten Hinterhofblick, viel Grün darin und sogar in Lebensgröße Michelangelos David aus weißem Gips mit grünem Efeublatt vor seinem besten Glied. Im Zimmer tobte der verzweifelte Versuch, durch Tapetenvariationen und die Gestaltung des Waschbeckens und des darüber befestigten Spiegels erheiternde Abwechslung in die unzumutbare Kammer zu bringen. Svenja, die Kennerin der Stadt Roma, diesen angehimmelten Namen nur mit rollendem »r« artikulierend, vergeudete keine Zeit mit dem Frischmachen, wies nicht ohne schelmischen Blick den Neuling in dieser uralten Weltstadt darauf hin, dass umgekehrt gesprochen aus Roma Amor werde und entführte den folgsamen Florian zu einem kleinen Essen auf den Campo de` Fiori, spendierte dann als erfahrene Rombesucherin eine Taxifahrt in die Villa Borghese. Erst nachdem Florian gewürdigt hatte, wie filigran das Verfolgungsspiel zwischen Apoll und Daphne aus dem Marmor geschlagen war von Bernini und welchen Mund des Entsetzens er der fliehenden Daphne verliehen hatte, ging es in den Park, der die Villa mit lauter Grünerholung umgibt. Beim Lagern dort fiel alles Staubmüde, alles Angespannte von Florian ab. Ihm machte Spaß, dass sie beide, wenn die Unterhaltung nicht auf Klärungen zielte, sich erfreulich albern belustigen konnten wie gut aufeinander eingespielte Geschwister. Wie selbstverständlich ließ sie ihre Beine ins Gras wegrutschen, lagerte ihren Kopf in seinen Schoß und verspürte mit Sicherheit ziemlich schnell, dass sie anziehend zu wirken vermochte. »Fühlst du es, nicht alle Damen verwandeln sich in stachelige Lorbeerbäume, wenn ein hübscher Mann sich nähert«, scherzte sie. Er verspürte ein Vergnügen, das er nicht angestrebt hatte, vergaß keinen Augenblick lang, dass er sehr wachsam und frühzeitig allen Tendenzen entgegen arbeiten wollte, die verrieten, dass seine Reiseleiterin sich mit ihren Absichten doch erfolgreich heranzumachen vermochte. Venja beabsichtigte, die Einführung in das welthistorische Museum Roma an diesem Abend dadurch zu krönen, dass sie Florian in das älteste noch bestehende römische Speiselokal aus vorchristlicher Zeit führte. »Da Luciano« war ein aus jüdischer Tradition stammendes Speiselokal, in dem nach der alten Rezeptur panierte Zucchiniblüten und Blüten unbekannter Gemüsesorten und essbarer Blumen serviert wurden, über deren Zartheit Florian und Venja nur ungläubig staunen konnten. Nach dem Essen streunten die beiden durch das Trastevere, ließen sich von Menschenmassen, die ein religiöses Fest in den Straßen und in den Trattorien und Pizzerien feierten, in diese oder jene Richtung schieben, genossen die römische Nacht, Florian immer die linke Hand auf dem Portemonnaie in der linken Hosentasche haltend, bis sie gegen Mitternacht keinen Vorwand mehr hatten, sich vor der Rückkehr in das engmuffige Hotelzimmer zu drücken. Venja schlug vor, dass man ja in Kleidung die Betten belegen könne und belehrte Florian darüber, dass es noch wenige Jahrhunderte zuvor in Deutschland normal gewesen war, bei Kutschfahrten über Land am Abend mit irgendwelchen Fremden in Pensionen und Wirtshäusern in einen Bettkasten verfrachtet worden zu sein, mal zu zweit, mal sogar zu dritt und viert. Florian verspürte kein Interesse mehr, zu argumentieren, dass inzwischen andere Sitten üblich seien, zumal bei weltschweifenden Fernsehleuten, deren Hotelkosten vom Dienstherrn finanziert wurden. Über die unerträgliche Schwüle im Zimmer freute er sich heimlich, denn sie würde nicht, was sie in kalter Jahreszeit vermutlich getan hätte, ihn um eine enge körperliche Umschlingung bitten, natürlich nur, um ihr schreckliches Frösteln zu beseitigen, aus keinem anderen Grund. Er folgte dem Vorschlag, zog lediglich die Schuhe aus und warf sich im Hemd auf das Bett, bereit, sich in der unverändert stickigen Hotelluft durch die Nacht treiben, auf keinen Fall jedoch von der Schläferin an seiner Seite erobern zu lassen.

Am Morgen nach dem sehr frühen Duschen auf dem Flur war es ein Schritt wie aus engstem Muff in endlos weite Freiheiten, als sie ein munter machendes Frühstück auf dem Campo de` Fiori in schönster Augustsonne genießen konnten.

Bei zwei mit angedeutetem Herz schäumenden Capuccini und un-diätetisch vielen Croissants erinnerten die Chefredakteurin und ihr Gehilfe sich ausdrücklich daran, in welch aufgeklärten Zeiten sie glücklicherweise im Jahre 1976 lebten, wären sie doch noch vor nicht ganz 400 Jahren mit ihren Ideen von der Unendlichkeit des Universums und der Existenz unglaublich vieler Galaxien genau auf diesem Platz nicht einmal hundert Meter weiter, genau dort, wo jetzt die Blumen- und Gemüsehändler ihre Ware ausriefen, während sie ihre Croissants ohne Butter und Marmelade zerbröselten, zusammen mit dem Philosophen Giordano Bruno bei lebendigem Leib von den Todesknechten der Inquisition verbrannt worden und hätten sich nicht darüber freuen können, dem muffigen Zimmer nach einem beidseitig korrekten Schlafen durch die Nacht ohne jedes erotische Vorkommnis entkommen zu sein.

Ohne die Beschwingtheit dieses Frühstücks im Freien mitten im August stören zu wollen, forderte Venja ihren Begleiter Florian auf, einen Vorschlag zu machen, welches Gastgeschenk man Michael Ende mitbringen könne. Zu ihrer Überraschung konnte Florian, ohne nachzudenken, einen sehr überzeugenden Vorschlag machen. Was konnte schöner sein und was konnte gesünder sein als ein Corona di Cipolli, ein schwer wiegender Kranz geflochten mit glänzenden Zwiebeln aus Tropea in Kalabrien, Zwiebeln, die magentarot lockten und bewiesenermaßen gegen alle Herzerkrankungen immun machten. Einen Moment lang zögerte Florian, ob er als zweiten Menschen seine staunende Bewunderin in seine italienische Herkunft einweihen sollte, etwas verschleiert oder wahrhaftig, dann dachte er sich, dass man sich doch so nahe vielleicht noch nicht gekommen sei und verschob sein Bekenntnis in eine ungewisse Zukunft. Der Zwiebelkranz war schnell erworben, ob er exakt siebenundvierzig Zwiebeln enthielt, diese Geburtstagszahl kam auf

Michael Ende in drei Monaten zu, oder ein paar mehr oder weniger, das wollten die deutschen Käufer nicht auszählen. Florian musste sich den schweren Kranz mit den violettrotglänzenden bauchig-dicken Zwiebeln um den Hals legen und in zwei Strängen die Brust abwärts hängen lassen, bis sie ein Taxi gefunden hatten, welches sie die mehr als 30 Kilometer in die Albaner Berge nach Genzano di Roma bringen sollte. »Via Monte Giove in Genzano di Roma«, gab Venja dem Fahrer das Ziel vor, »Bitte nur bis zum Anfang der Straße.« Sie erklärte Florian, dass er die gehäuften Kilo Zwiebel leider etwas schleppen müsse, weil man, so ihre Meinung, zu Michael Ende pilgern musste, nicht mit einem Auto sich annähern durfte. Außerdem bat sie um einen großen Freundschaftsdienst. Sie habe ihre Gründe, warum sie bei den Endes als Frau mit nettem Freund erscheinen müsse. Er möge also Hand in Hand mit ihr sich über die Via Monte Giove auf Endes Haus zubewegen und glaubwürdig sichtbar machen, falls die aus dem Fenster ihnen entgegenblicken würden, dass sie beide ein echtes Pärchen seien, das noch in der Annäherungsphase sich befinde und freundlich miteinander umgehe. Florian wusste diese Bitte nicht abzuschlagen, hatte jedoch erneut das unangenehme Gefühl, dass eine Frau versuchte, auf zu unübersichtlichen Umwegen an ihn übernah heranzukommen. Das Hand in Hand Gehen war nicht so unangenehm wie befürchtet, denn er fühlte, wie ihrer beide Hände, ohne eine Genehmigung einzuholen, sanft sich verflochten und sich wohl mochten und noch nicht zärtlich, aber doch sehr zart aneinander Halt suchten. Ihm blieb keine Zeit, zu überlegen, wie er das unerlaubt leichtsinniges Verhalten seiner Hand mäßigen könnte, denn die Annäherung an Endes Haus war weit schwieriger als vermutet. Die Via Monte Giove führte durch gepflegte Olivenbaumplantagen, hatte auch immer wieder Häuser oder Gehöfte an ihrem Rand liegen. Ein Hausschild mit der Numero 13 vermochten die beiden nicht zu finden. Schließlich händigte Venja ihrem Begleiter auf einem ausgerissenen Zettel die Telefonnummer 00396/9396341 aus und bat ihn, sich Einlass erbetend, seine Italienischkenntnisse am Telefon eines beliebigen Hauses am Straßenrand zwecks Recherche nach Michael Ende nutzbringend einzusetzen.

Nach dem Telefongespräch war das schlicht in eine Olivenplantage geduckte Haus der Endes schnell gefunden. Eine schwarze Katze döste vor dem Eingangstor, dahinter verbellte ein Hund die Besucher. »Der tut nichts, wirklich nicht. Ist ein Geburtstagsgeschenk, das Ingeborg mir aus dem Hundeasyl geholt hat.« Florian gefiel, wie Michael Ende das Tor weit öffnete und sogleich Venja mit Dreifachküssen auf die Wange begrüßte und ihn, obwohl natürlich Siezend, fühlbar zu einem Gast machte, der willkommen war. Sechs Schildkröten lagerten trotz der späten Jahreszeit um einen Baum, sich in Salatblätter und Bananenstückchen verbeißend, der schwarze Kater war den Gästen und seinem Herrchen gefolgt, neugierig. Venja nahm noch im Freien Florian den Corona di Cipolla vom Leib und dekorierte damit Michael Ende, ihn dabei erneut küssend und Wünsche über ihn sprechend zu dem in einiger Ferne bereits sichtbar werdenden Geburtstag, Wünsche zu ewiger Gesundheit und Kreativität. Der ging auf die Wünsche nicht ein, versprach aber, ihnen noch am selben Tag seinen Spezialsalat mit diesen magentaroten kalabresischen Zwiebeln und Büffelmozzarella und Tomaten und Basiliko aus eigenem Garten anzurichten und sie dabei mit dem aus den Olivenbäumen seines Grundstückes gewonnenem Öl zu verwöhnen. Dann legte er den schweren Kranz auf einem Marmortisch ab, von dem sich so viele andere im Garten herumtrieben, dass sie sich selbst zu parodieren schienen. Offensichtlich fühlte sich Michael Ende unter Druck, nicht vom Anblick dieser Tischvielfalt verspottet zu werden und erklärte seinen Gästen das Geheimnis der hohlbeinigen Marmortische, die keineswegs dazu dienen sollten, das Buffet zu seinem Geburtstag zu präsentieren. Bevor seine Frau und er das Haus aufgrund eines Tipps von René Hocke und Luise Rinser sechs Jahre zuvor gekauft hatten, waren dort junge Rockmusiker eingezogen, die überdimensionierte Verstärker aufstellten und die in die Stille des Olivenhangs zurückgezogenen Menschen mit unerträglichen Lautstärken auf die neue Zeit einzustimmen sich nicht genierten. Da diese jungen Leute von ihrer Musik noch nicht leben konnten, vertrieben sie riesige Marmortische in alle Welt, vor allem nach Großbritannien und in die USA. Irgendwann hatte die Polizei im Morgengrauen das Grundstück umstellt und nach vergeblichen Aufforderungen das Haus gestürmt. Die jungen Musiker mussten gewarnt worden sein, das Haus war leer, die Staatsanwaltschaft konnte, wie sie aufgrund ihrer Informationen erwarten durfte, bei mehreren Marmortischen Opium der besten Qualität in den hohlen Tischbeinen finden. Michael Ende musste beim Kauf des Hauses unterschreiben, dass er die Marmortische als Beweismittel der Staatsanwaltschaft unberührt und unverändert auf seinem Grundstück gelagert lassen würde, bis der Prozess eingeleitet würde. Das schien bis zu diesem Tag nicht geschehen zu sein. »Aber die sind von uns.« Michael Ende zeigte den Besuchern die Solarzellen, mit denen die Endes auch im Winter ihr Wasser für das ganze Haus heizen konnten. »Wer gegen Atomkraftwerke ist, wie wir, der muss sich als Sonnenenergiesammler betätigen. Jetzt wartet bestimmt Ingeborg auf Euch.« Michael Ende führte die Gäste seitlich am Haus vorbei, dessen Fenster und Gardinen einen erfreulich improvisierten und von Lebensspuren gezeichneten Eindruck machten und wenig Sauberkeitsdrill erkennen ließen. Mit der Frau Michael Endes, die im Haus geblieben war, lag sich Venja noch einen Hauch herzlicher in den Armen. Michael Ende fand es richtig, dem unbekannten Gast zu erklären, dass diese beiden Frauen, die damals allzu junge Venja und deren Schauspielerkollegin Ingeborg Hoffmann, sich um ihn heftig gestritten hätten, allerdings auf den Brettern, welche die Welt bedeuten, um ihn als den jugendlichen Liebhaber, den er vor sechzehn Jahren mit nicht ganz so großem Erfolg durch Norddeutschland tingelnd auf die Bühne stellen musste. Seine Frau Ingeborg hatte ihre schauspielerischen und kabarettistischen Umtriebe seit Jahren ganz aufgegeben und war weit mehr als Endes Muse. Jeden Abend las sie ihm aus seinem am Tag fortgeschriebenem Manuskript vor und war seine einflussreichste Kritikerin und bisweilen sogar Mitschöpferin. Florian, von der Fülle in Ingeborg Endes Stimme beeindruckt, stellte sich vor, wie der erschöpfte Autor auf dem Bett ruhend am Abend die Auferstehung seiner Figuren in Stimme, Mimik und Gestik seiner Frau erlebte und sie beide das Urteil formulierten, wer als gelungen weiterleben durfte in der Fortsetzung am nächsten Tag oder aber gnadenlos gestrichen wurde. Michael Ende wollte die Phantasie seiner Gäste vorerst noch ausschließlich selbst besetzen. Er verwies seine Frau deutlich und vielleicht sogar zu herrisch auf den zweiten Platz, als er sie darauf vertröstete, dass sie ganz für sich die beiden Gäste erst am frühen Abend in Beschlag nehmen dürfe, während er den Abendsalat zubereite, dass die Gäste bis dahin alleine ihm gehören würden. Als Florian vor einem Gemälde stehen blieb, das vor dunklem Geheimnis offensichtlich den etwas jüngeren Michael Ende mit einer Weltkugel und seltsam begleitenden Tieren zeigte, und sich erkundigte, ob Michael Ende auch Maler sei, musste der dem Gast erzählen, was Venja gut bekannt war, dass sein Vater ihn so seherisch portraitiert habe, ein großer surrealistischer Maler, der eindrucksvolle Verkaufserfolge in den USA erzielte, bevor die Nazis ihn als entarteten Künstler einstuften und mit Berufsverbot bestraften. Viele der während des Dritten Reiches nur für das Atelier entstandenen Bilder waren bei einem Bombenangriff am Ende des Krieges in Flammen aufgegangen. Der Sohn fühlte sich verpflichtet, mit einem Galeristen nach den weltweit vorhandenen Bildern seines Vaters zu suchen und einen Gesamtkatalog zu seinem Gedenken herauszugeben. Das Gespräch über den Vater Endes ermutigte Florian, für eine Weile Michael Ende als Erzähler abzulösen. Er berichtete von seinem Düsseldorfer Freund und dessen tragischer Vatersuche in Kalabrien, ohne allerdings seine eigene Rolle in diesem Spiel zu erwähnen. Dieser Freund hatte nämlich erst als erwachsener Mann aus seiner Mutter das Geständnis herausgelockt, dass ein italienischer Mitstudent sie bei einer kölner Studentenfete geschwängert hatte, auch bereit war, sie zu heiraten, aber von den Eltern der noch nicht Volljährigen des Hauses verwiesen wurde. Über Jahre hatte der dem Sohn nicht bekannte Vater Sehnsuchts-briefe aus Kalabrien geschickt. Unmittelbar, nachdem seine Mutter ihm in einer sentimentalen Stunde alle Geheimnisse ausgeliefert und die Briefe aus einem Geheimkästchen gekramt hatte, war dieser Freund auf Vatersuche nach Tropea gefahren, musste dort aber er-fahren, dass sein ihm unbekannter Vater nur drei Tage zuvor auf den Schienen zwischen Tropea und Reggio di Calabria sich vor einem Zug hatte zu Tode fallen lassen, unzählige Durchschriften seiner Briefe an die deutsche Geliebte und Mutter seines Sohnes waren über die Schienen weg und in die Maccia vom Winde verweht worden. Alle, auch Venja, waren beeindruckt vom traurigen Schicksal des Freundes. Es ergab sich damit wie selbstverständlich, dass Florian den erkennbar zerlesenen Momoband seines Freundes Michael Ende vorlegte mit der Bitte um ein Autogramm mit Orts-angabe und Datum. »Wollen Sie noch etwas zu ʼMomoʼ wissen?«, fragte Michael Ende ermutigend und beantwortete, ohne nachden-ken zu müssen, die Frage von Florian, ob »Momo« denn mehr ein Märchen-Roman für Kinder oder für Erwachsene sei, überzeugend mit dem Argument, dass er beim Schreiben nicht darüber nach-denke, ob er für Kinder oder für Erwachsene schreibe. »Es gibt keine Bücher nur für Kinder oder nur für Erwachsene. Es gibt nur

Bücher, die für Kinder noch nicht und für Erwachsene nicht mehr interessant sind.« Florian hatte Michael Ende schon für sich eingenommen, als er diese These mit seinen japanischen Erfahrungen bestätigen konnte. Er hatte neben den Fernsehaufnahmen auch mit japanischen Schülerinnen und Schülern »Momo« in Szene gesetzt und die Begeisterung der Kinder und ihrer Eltern kennengelernt, zumal die Japaner begeistert waren, dass Michael Ende die Hauptfigur mit einem japanischen Wort als Namen ausgestattet hatte, einem Wort, das Pfirsich bedeutete.

Michael Ende zeigte sich sehr erfreut über diese Insiderkenntnisse, meinte aber zu wissen, dass Momo eine noch schönere Bedeutung habe: »Auf meiner Japanreise hatte ich neulich ein überraschendes Erlebnis. Die Japaner meinen, ich hätte das Buch ´Momo` eigens für Japan geschrieben. Zu meiner Verwunderung erfuhr ich, dass Momo ein japanischer Mädchenname ist und ´Pfirsichblüte` heißt.« Michael Ende wollte für den Freund von Florian ein etwas aussagekräftigeres und vielleicht sogar tröstliches oder ermutigendes Autogramm mit auf den Weg geben und fügte seiner Unterschrift noch hinzu: »Die Figuren, die ich in meinem Leben sehr vermisse, erzeuge ich mir selbst, schreibend.« Florian nahm das Buch seines Freundes an sich, und Michael Ende zog seine Gäste von der »Selbstbeweihräucherung« ab, führte sie zu einem bescheiden ländlichen italienischen Büffet mit kleinen Happen aus gegrillten Auberginenscheiben und vielerlei mit den Fingern zu essende Köstlichkeiten. Florian fühlte, dass alle innere Gespanntheit von ihm abfiel. Das Gespräch, das miteinander Essen, der passend zum frühen

Tag behutsam mit Wasser gemischte Wein ließen eine Gelassenheit aufkommen, in der keiner zu besonderen Taten verpflichtet schien. Venja brachte Themen ins Gespräch, die bald schon das Zusammensein selbstverständlich und vertraut erscheinen ließ, obgleich mit Venjas Freund ein Unbekannter ins Haus gebracht worden war. Michael Ende offenbarte, dass er gerade wirklich um sein Leben schreibe. Unterbrochen von immer neuen Anrufen, zum Beispiel einem Anruf aus der Schweiz, wo eine bekannte Choreografin »Momo« als Ballett auf die Bühne bringen wollte, gestand ihnen Michael Ende, dass er an einem Roman schreibe, der zugleich mit bildreicher Handlung seine literarische Philosophie ins Wort bringen sollte. »Er schreibt wirklich um sein Leben!«, unterstrich Endes Frau den Ernst dieser unvollendeten künstlerischen Tat. Den Gästen blieb nicht verborgen, dass Michael Ende sich von der »Unendlichen Geschichte«, an der er mit all seinen Kräften und nahezu jeden Tag arbeitete, dass er sich sogar den Literaturnobelpreis von diesem neuen Werk versprach, wenn diese unendliche Erzählung ihm so gelingen sollte, wie seine Imagination es ihm im Augenblick eingab, nämlich als die Bibel der Poesie.

Als Svenja endlich wagte, den Wunsch ihres Senders vorzutragen, die Weltrechte für die Verfilmung des Märchenromans »Momo« zu besten Bedingungen zu erwerben, musste sie vollkommen überrascht und unvorbereitet eine kalte Dusche über sich ergehen lassen. Der Sender hatte nämlich wenige Tage vor ihrem Eintreffen den ersten Entwurf eines Drehbuches Michael Ende schon zukommen lassen. Tatsächlich führte darin der alte Beppo die kleine

Momo zu einem Waschzuber, um sie reinzuwaschen von Erde und Straßenstaub und Kohlenfeuer und den Haaren streunender Tiere. »Wisst ihr, was ich dem Sender sofort per Telegramm habe zukommen lassen?« Svenja schwieg, sie wusste nichts davon, ihr Gehilfe schwieg, weil er noch weniger eingeweiht war. »Stop / Meine Momo wascht ihr nicht! / Stop.« »Das habe ich, ohne mir eine Denkpause zu gönnen, geantwortet. Sei mir nicht böse Svenja. Aber du musst erst mal in Mainz nachverhandeln. Dann sehen wir uns wieder. Ich schlage vor, wir verhalten uns bis heute Abend einfach so, als hättest du nur diesen netten neuen Partner vorstellen wollen. Wie habt ihr euch denn kennengelernt?«

Nach diesem sehr enttäuschenden, vielleicht aber nur vorläufigen Ende der Mission dieser beiden Reisenden, war es naheliegend, über Privates zu plaudern. Dazu wollte Michael Ende mit seinen Besuchern vor störenden Telefonanrufen fliehen, denn es einfach klingeln zu lassen oder Kissen über das Telefon zu werfen, dazu fühlte Michael Ende sich nicht standhaft genug. Er lud die beiden ein zu einem Spaziergang zum Lago di Nemi ganz in der Nähe, während Ingeborg im Haus zurückblieb. Der Kratersee zog den Blick der Spaziergänger in Abgrund und Tiefe. Michael Endes Erzählen machte alles noch anziehender und geheimnisvoller, denn Ende wusste glaubwürdig zu berichten, dass die Römer, wenn sie wussten, dass wichtige Gegner ihre Flotte ausspionieren wollten, viele Kriegsschiffe in diesen Nemi-See transportiert und dort vor den feindlichen Spähern versteckt hatten. Außerdem lagen auf dem

Grund des Sees noch einige Prunkschiffe Caligulas, gefüllt mit Kostbarkeiten. Während jeder in seinem Schritt dahinging, Michael Ende die Wege, das Wasser des Sees und die umliegenden Höhen aufzuladen verstand mit Geheimnissen, nahm Venja immer wieder einmal Florians Hand, erfolgreich ihrer beider Nähe demonstrierend, konfrontierte Michael Ende jedoch nicht mit der Frage, auf die Florian wartete. Erst als die drei sich mit Blick in die Tiefe auf einem Stein niedergelassen hatten, sehr dicht aneinander rückend eine Jacke als Sitz- und Wärmekissen unter sich fair aufteilend, fragte Venja Michael Ende, ob nicht gerade seine neueste Arbeit ein zwingender Grund sei, wieder auf bundesrepublikanischem Boden zu dichten und als Person gegen den unpoetischen Zeitgeist sichtbar aufzustehen. Michael Ende brauchte nach keiner Antwort zu suchen, seine Ablehnung war entschieden. »Hört nur einmal, wie ihr als Rheinländer 'Roma` sprecht, beinahe ohne 'r` und mit stumpf geschlossenem 'o` und dann hört den Italiener!« und Michael Ende sprach »roma« mit einem rollenden „»r«, an das sich die Offenheit eines klingenden »o« anschloss und dann ein triumphierendes »a«. Mehr hätte er eigentlich nicht sagen müssen. Die Vokalität der italienische Sprache, in der Michael Ende zwar seine Literatur nicht schrieb, die ihn jedoch im täglichen Leben mit den Italienern in Rom und in Genzano di Roma umtanzte, die wollte er nicht mehr missen. Dazu kam die Offenheit der Italiener, ihr Sinn für Interaktion und Gespräch und ihre Neugierde auf den anderen Menschen, die sollte er aufgeben für trübsinnige Deutsche, für hinterhältig seine Wirklichkeiten als Hirngespinste diskriminierende Bilderstürmer?

Die Nächte Roms, das manieristische Geheimnis in Stein, aufgeben? Nein, auch sein Märchen-Roman »Momo«, in Deutschland begonnen, wäre ohne Italien und die Italiener und ihre Liebe zu Menschen, zum Leben, zur Individualität nie vollendet worden. Florian merkte, dass Venja Michael Endes Äußerungen nichts entgegenzusetzen hatte, ihn auch nicht dazu auffordern mochte, als Märtyrer der Poesie Italien aufzugeben und sich an Deutschland zu vergeuden.

Nach ihrer Rückkehr in die Via Monte Giove 13 übergab Michael Ende mit einem verräterischen Lächeln die Gäste an seine Frau Ingeborg, die in aller Gelassenheit zuerst bei Venja, dann bei deren Freund ihre Fußreflexzonenmassage vornahm, den beiden die Schuhe und Strümpfe abstreifend und ohne deren Füße zuvor zu waschen. Bei dieser Massage entdeckte sie, wann es Kristallisierungen und Verhärtungen unter der Fußsohle gab, die auf Erkrankungen in der Leber oder Schilddrüse oder auf Anfänge von Schuppenflechte schließen ließen und die sie sogleich durch eine sehr gefühlvolle und wissende Massage aufzulösen versuchte. Dabei erfuhren die Hand in Hand nebeneinander sitzenden Besucher aus Deutschland, dass Ingeborg noch kürzlich Michael Ende von einer chronischen Erkältung geheilt hatte und dass sie ihm sehr helfen konnte, wenn Schreibblockaden ihn in die unerträgliche Idee steigerten, das gesamte große Vorhaben der unendlichen Geschichte könne scheitern.

Wie sie gekommen waren, entfernten die beiden sich am frühen Abend nach dem Essen Hand in Hand und zu Fuß und bestellten erst in einer Eckbar in Genzano di Roma ein Taxi, das sie ins Hotel zurückbrachte. Roma konnte sie nicht mehr verlocken. Die Niederlage, das Scheitern ihrer Mission schmeckte noch bitter. Venja hoffte, in Deutschland alles zum Guten wenden zu können. Das Schöne des Tages, die vertraulichen Gespräche mit Michael Ende und Ingeborg Hoffmann, die Bilder aus deren Alltagsleben versuchte Svenja in Gesprächen als Gewinn der Reise gegen die Niederlage zu setzen und möglichst hin und her zu besprechen. Zusätzlich von der Hitze des August ein wenig erschöpft, freuten sie sich auf den Rückzug ins Hotelzimmer und darauf, das versprochene Zimmer mit Dusche und WC betreten zu können. Sie merkten allerdings sehr bald, dass die Lage zu den Straßen Roms ein Schlafen unmöglich machen würde, denn unablässig schienen die endlos die Piazza Navona durchkreuzenden Autoschlangen einen kleinen Umweg über ihre Zimmerdecke weg zu nehmen. Bevor Florian die Tür zur Dusche schließen konnte, forderte Svenja ihn mit schwer zu deutendem Stimmton auf, bei der Rückkehr bitte mit geschlossenen Augen seine Bettseite aufzusuchen. »Bitte, bitte, Augen zulassen! Sei kein Spielverderber!«

Aus der Dusche zurück in das Zimmer tretend, das nur von einem Straßenlichtflackern erhellt wurde, im schnellsten Wechsel des Aufhellens und Abdunkelns, war er nicht einmal sehr überrascht, dass Svenja ohne eine Genehmigung einzuholen, sich aus irgendeinem

Grund auf seine Bettseite gerollt haben musste. Passend zur schwülen Zimmerhitze deckte kein Betttuch ihre lang dahingestreckte Figur. Die zeigte sich ähnlich den Babyaufdembauchliegenacktfotos, die man von Familienfotos kennt, in einem Film sogar von der zu voller Hübschheit ausgewachsenen Brigitte Bardot vorgeführt bekommt. Alle Babys und sogar die BB überbietend, präsentierte Svenja zugleich mit ihrer vollen wunderschön mondsanftweißen Nacktheit nicht nur den straff sich aufwölbenden und verlockend schlitzig in zwei Hügel geteilten Po, sondern gleichzeitig kunstvoll auch ihre Brüste gekrönt von ihren rosafarben hochaufragenden Brustwarzen. Dies alles im Zugleich dem aus der Dusche zurückkehrenden leichtbekleideten Mann zuwendend. Eine solche Figur hätte ein Baby niemals vorweisen können. Die Bardot hätte, wollte aber wahrscheinlich nicht soviel auf einen Blick von sich preisgeben. Diesem Anblick im Flackerlicht des körperwarmen Zimmers zu widerstehen, das fühlte Florian, bedurfte es wirklich und wahrhaftig eines Helden der Monogamie. Sein Körper hatte Florians Verstandesherrschaft schon beinahe von sich abgeworfen, um ganz frei zu sein für die Bewegungen, in die der schöne weiche Leib zu so später Stunde offensichtlich zu verlocken versuchte. Es war nicht Florians Standhaftigkeit, die ihn das Bett umrunden ließ und ihn dazu brachte sich lediglich mit einem sommerlichen Schlafanzug bekleidet auf den nackten Boden unter dem Fenster zum Schlafen und zum Fasten niederzulassen. Bei allem, was Svenja in diesem Augenblick von sich rückhaltlos preisgegeben hatte, war ihr ein Fehler unterlaufen, ihr Gesicht hatte sie in ein Kissen gepresst versteckt.

Florian aber brauchte am allermeisten den Augen-Blick der Frau, die er lieben wollte, musste sich sinken lassen können in das, was vielleicht nur er selber in die Tiefen zweier Augen einer Partnerin hineinphantasierte, um sich davon bis zur Willenlosigkeit erregen zu lassen.

Um vier Uhr morgens schon sorgten bürstenkreischende Säuberungswagen dafür, dass der Campo de Fiori staubfrei gefegt wurde und die Gäste des Zimmers 57 Ohrenzeugen werden mussten, obgleich er, auf dem Boden liegend, sich seine Kleidung unsortiert über die Ohren häufte und Svenja, auf Florians Bettseite verschollen, sich die antik rotbrüchig anmutende Samtüberdecke zusätzlich zu den Kissen über die Ohren zog. Als der Säuberungskrach sich entfernte, trat sie, nackt wie sie war, zu dem am Boden liegenden Mann und zog ihn aufs Bett. »Komm doch zurück ins Bett, wir haben noch ein paar Stunden zum Ausruhen. Es ist wie ein Wunder, einen leibhaften Mann zum Freund zu haben. Dabei denken die meisten, Männer könnten nur Männer zum Freund haben. Toll, dass du so anders bist. Danke. Bleib bitte auch in Deutschland mein Freund, mein echter und einzigartiger männlicher Freund, liebster Florian.« Diese Erkenntnis flüsternd, bedeckte Venja sie beide mit dem dünnsten Betttuch, offensichtlich von ihm ablassend. So schliefen sie dicht an dicht doch noch in den Morgen hinein. Er vielleicht nicht so schnell wie Venja, vielleicht zeterte es ja doch in ihm und hielt ihn schlaflos, warum er sich in dieser Nacht der Möglichkeiten nicht mehr gegönnt hatte, als ein guter Freund zu sein.

»Erhebe Dich, Du antike Mumie. Ich würde so gerne diese Samtdecke als ewiges Andenken an unsere Bettfreundschaft, die so dicht am berühmten Blumenmarkt uns einhüllte, mitgehen lassen. Hast du eine Idee?« Florian sah ein, dass sie nicht mehr duschen konnten, wenn sie vor dem Abflug noch einmal auf dem Blumenmarkt frühstücken wollten. Er teilte die Meinung seiner Reiseführerin, dass dieses Hotel ihnen eine Entschädigung schuldig war, ein Andenken. Er wollte dem Hotelbesitzer eine faire Chance geben, den Andenkendiebstahl zu verhindern, zog sich die von Venja so geschätzte rosenrotsamtne antike Bettüberdecke als Umhang über und schritt, wie er gewettet hatte, ohne dass der Hotelier diese Entführung seines Eigentums bemerkte, durch die Hoteltüre unbehelligt auf den Campo de` Fiori, nachdem er minutenlang neben der die Hotelrechnung begleichenden Reiseleiterin gestanden und dem Hotelbesitzer die Chance gegeben hatte, seine Tagesdecke zurückzufordern. Trotz ihrer Übermüdung blieben die beiden auch bei ihrem Frühstück verspielt, tauchten ihre Croissants wechselweise in die Cappuccinotasse des anderen und feierten ihre gemeinsame Reise als Erfolg, obwohl lediglich Florian erfolgreich war und ein ermutigendes Autogramm Michael Endes für seinen vaterlosen Freund erobert hatte, ihre eigentliche Mission leider als gescheitert angesehen werden musste.

Als die Swiss Airline Maschine auf deutschem Boden aufsetzte, bot er Svenja an, dass sie sich doch in seinem Wagen nach Hause bringen lassen solle, denn seine Frau warte schon auf dem Flughafenparkplatz, 1. Etage, mit seiner kleinen Tochter, ihn abzuholen.

»Wir bringen dich doch gerne bis zur Haustüre.« Svenja gab ihm mit schönster Annäherung fünf französische Wangenküsse und meinte, dass sie dem Sender auf keinen Fall die Kosten für das dienstlich genutzte Taxi ersparen wolle. »Nein, danke! Gibt es eine größere Freiheit, als sich im Taxi chauffieren zu lassen?«

Auf einer beliebigen Kreuzung zweier Hauptstraßen in Rom

Bei Grün

weiß ich nicht

warum du

vor jeder Ampel stoppen

musst

mich küssen

obwohl ich

unter dick aufgemaltem Herzrot

die Lippen bedeckt

halte

verfalle nicht

ins Vorpreschen deiner Vorgänger

denn

hinter

schimmerndem Herzmund gähnt

verschlingend

alles

mein Schlundschwarz.

1. Januar 05 nach Luc Tymans / 6. März 06

Absage

Du willst meine Absage

nicht hören,

meldest dich an,

angeblich nur für einen Augen-Blick,

der mir jedoch endlos lange

Einssein bringt.

Ich aber Trennung will,

Abbruch

und Davonschweben.

Lass mich in deinen Schlaf

Wenn Kellner wieder Herr werden

und Stühle hochstellen

und meine längere Nacht

nicht mehr hinauszuschieben ist.

Was entginge ihr?

Nicht ein Wort weniger

spräche sie,

wenn Du

nur diese Nacht nur,

einmal nur,

bei mir bleiben würdest.

Nicht nur rechtsverbindlich

hast Du mit ihr alles geregelt und besprochen.

Schläfst Du

neben ihrem Schlaf?

Du schweigst, aber schläfst Du auch?

Schläfst Du gut? Schläfst Du tief,

nachdem Du dich

mit meinen Augen

im nächtlichen Spiegel

noch einmal überflogen hast?

Du versuchst

nicht

wie ich,

den Augenblick hinauszuzögern,

deshalb wurden die Stühle hochgestellt.

Schon vor unserem Abgang hochgestellt.

Obwohl nicht einmal wir mehr rauchen,

wurden die Aschenbecher abgeräumt,

noch ehe wir abgehen konnten.

Mit ihr hast Du alles besprochen.

Sie spräche nicht weniger,

wenn Du

diese Nacht

nur diese Nacht einmal

nicht neben ihr liegen würdest.

Ich vermisse Dich sogar,

während Du neben mir liegst.

Ich kralle mich in die Nacht,

sie aber verliert mich,

ich aber nie meine Angst.

Hochgestellte Stühle

stützen sich

auf unveränderte Tische.

Über ihren schwarzen Schatten

stelzen

gelbe Stühle

unversunken

über gelbes Quadrat.

5439786

Kein Anrufbeantworter vertritt Dein Telefon.

»Bitte legen Sie nicht auf,

nach dem Signalton haben Sie 30 Sekunden Zeit,

eine Nachricht zu hinterlassen.

Sprechen Sie ihren Namen und Ihre Telefonnummer.

Ich rufe baldmöglichst zurück. Danke!«

Wer nähme wohl ab, wenn ICH anriefe?

Um 1 Uhr nachts sind alle Stühle hochgestellt,

nur unruhige junge Leute ziehen noch in die Stadt,

folgen ihren unbekannten Erwartungen

zur Stehmusik.

Hochgestellte Stühle

kühlen ihre Füße

am Ende eines langen Nachtbetriebs.

Hochgestellt

trinken die Stühle zusammen

noch ein Glas Bier

zum Abspannen

auf Kosten des Hauses.

Lange schon habe ich den Lippenstift ins Kühlfach gelegt,

mir die Fingernägel abgestreift,

die Oberlippe abgeschminkt

und alle Wimpern beiseite gezogen.

Warum ist 1 Uhr nachts

eine andere Zeit

als 12 Uhr mittags?

Ich mit mir sehr alleine.

Du zu Hause,

schläfst wenigstens Du Deinen Schlaf,

in dem eigentlich ich liegen wollte?

Im Seitensprung annähern

für Anne

Sie hatten sich beim Einparken kleine Dellen in ihre Familienkombis gefahren und sympathisch gefunden. Auf eine Schadensaufnahme hatten sie verzichtet. Sie waren nicht so weit gegangen, miteinander zu einer Tasse Kaffee ins Allkaufrestaurant hochzugehen. Jeder hatte einen Einkaufwagen ausgelöst. Wie geplant. Getrennt hatten sie sich an den üblichen Wochenendeinkauf gemacht, unauffällig darauf geachtet, bei der Einkaufsrundfahrt den anderen nie ganz aus dem Blick zu verlieren. Manchmal schoben sie ihre Drahtkorbwagen neben einander her, meist blieben sie kurz hinter einander. Das schien beiden hinreichend unanstößig gegenüber dem unbekannten Unfallgegner, unverfänglich, auch für den Fall, dass ein guter Bekannter ins Blickfeld getreten wäre. In aller Öffentlichkeit fand ihre erste gemeinsame Einkaufsfahrt statt, ohne Austausch weiterer Wörter, in parallelen Bewegungen, wie sie in großen Einkaufszentren gänzlich fremden Menschen unterlaufen können.

Nur die junge polnische Verkäuferin, die mit den Kunden Blickkontakt zu halten angewiesen war und den Griff nach der georderten Wurst von der mit einer transparenten Gefriertüte überwölbten Hand erledigen ließ, hielt die beiden bereits am Unfalltag für ein Paar, in den folgenden Monaten immer mehr. Ihr konnten Kunden nichts vormachen, die freitags mit Geduld an der großen Wursttheke hintereinander anstanden. Die zufälligen Berührungen, mit der sie sich eine Position weiterschoben, wenn eine Kundin mit ihrem Wurstpaket von der Theke abstieß, schienen der Verkäuferin, die sich dabei ertappte, von einer Ziegenkäserei in Australien zu träumen, nicht ohne Zärtlichkeit.

Mit einem Anflug von Schadenfreude hatte sie ihrem Mann den beschädigten Wagen in die Garage gesetzt. Sie hatte nicht vor, ein Wort über die Delle zu verlieren, am ersten Abend jedenfalls nicht.

Ihr Unfallgegner hatte darauf verzichtet, sich unter den Augen seiner Frau über gewissenlose Autofahrer zu erregen, die fremdes Eigentum beschädigten, ohne eine Nachricht zu hinterlassen. Er wollte das Ereignis für sich behalten, aber nicht verleugnen. Die beiden Unfallgegner beobachteten nicht ohne Vergnügen, wie das Autoblech im Laufe der Zeit nicht mehr still halten wollte, unter dem abgestoßenen Lack Rostfarben auflegte. Ihre Partner fühlten sich gestört von den Stellen, versuchten Reparaturmaßnahmen ins Gespräch zu bringen. Aber die Unfallgegner wichen aus, verfielen in nichtssagende Blicke. Es blieb nicht bei der rostigen Verfärbung.

Winzige Beulen stiegen aus der Rostfläche auf, platzten, zogen größere Wucherungen nach sich, führten ein sich beschleunigendes Eigenleben im Autoblech und ruinierten den Wiederverkaufswert von zwei deutschen Autos, noch ehe sie aus der Kreditfinanzierung hatten ausgelöst werden können. Bei mehreren Regelinspektionen gelang es den Unfallgegnern zu vergessen, die Überspachtelung der Schadstellen in Auftrag zu geben.

Ihre gemeinsamen Einkaufsfahrten waren so regelmäßig, wie geld-sparendes Einkaufen in einer mittelgroßen Stadt eben zu sein hat, weitgehend wortlos. Höchstens tauschten sie Entschuldigungen o-der kurze Fragen. »Wo liegt das Tomatenmark?« Das war auch zwi-schen gänzlich fremden Allkaufkunden üblich. Die beiden Unfall-gegner allerdings setzten ihre Sätze auf werbende Untertöne und lu-den Bedeutungen auf, die nur von ihnen erkannt wurden.

Vielleicht wäre für die beiden dieser wöchentliche Einkaufsgang all-täglich geworden, vielleicht hätten sich ihre gemeinsamen Bewe-gungen auch wieder verloren. Aber irgendwann fühlte sich nicht nur ihr Mann zu ihr, sondern auch seine Lebensgefährtin zu ihm an demselben Freitag so hingezogen, dass sie nicht davon abzubringen waren, ihre Partner auf dem lästigen Einkaufsgang zu begleiten und sich in ihren freien Arm einzuhängen. Obwohl freitags bei Allkauf das Durchkommen schwierig genug war, gelang es den Unfallgeg-nern während des gesamten Rundlaufes nicht, ihre Ehepartner ab-zuschütteln.

Daher sah sich, als ihre Einkaufwagen bis zur großen Wursttheke vorgedrungen waren, die polnische Verkäuferin, während sie ihre rechte Hand die Bestellungen scheibchenweise oder in großen La-gen abarbeiten ließ, dazu genötigt, eine neue Hypothese über die Zusammengehörigkeit ihrer Freitagskunden auszudenken. Schwer und liebevoll hingen ihre Partner ihnen am Arm, die beiden Un-fallgegner vermieden trotzdem nicht, einander, wenn auch nur kurz, zu berühren.

Noch nie hatten sie den Allkaufladen so gemocht wie an diesem Tag, seine ungezählten Einkaufsstraßen. Unabsehbar dehnten sich die Entfernungen zwischen spanischen Erdbeeren und Toilettenwatte, Parmaschinken und der Frankfurter Rundschau, Teelichtern und Billigsocken im Dreierpack, Ferro Extra I Eisenoxid Qualitätskassetten und Mummsekt. Immer neu aufeinanderzufahren, anecken, sich verlieren, plötzlich unvorhersehbar erneut finden hinter Essig und Öl oder bei tiefgefrorenen Silbersardinen mit erloschenen Milchaugen.

Im Gedränge, im Augenblick des Aneinandervorbeigeschobenwerdens konnten die Hände, die die Partner nicht hatten ergreifen können, nicht anders, als übereinanderherzustreicheln.

Ohne Ende waren die Wege in Allkauf, die Wagenkörbe jedoch waren irgendwann übervoll. Im gleichen Schritt fuhren sie auf die vor den Kassen aufgelaufenen Käufer zu, steuerten jedoch im letzten Augenblick zwei weit auseinanderliegende Reihen an.

Ihren Partnern hatte die ausgedehnte Einkaufsfahrt mit den überlangen Umwegen nicht schlecht gefallen. Sie hatten mitbekommen, wie, trotz ihres festen Armgriffs und obgleich der Einkaufswagen mehr und mehr mit den wenig überraschenden Dingen für das alltägliche Leben gefüllt werden musste, neben ihnen ein vertrauter Mensch weicher atmete als gewohnt, sich in warmen Düften aufzulösen und vorauszuschweben schien. Das hatten sie als die erwünschte Antwort gedeutet. Hatten sie doch selbst wie schon lange nicht mehr an diesem Tag nicht von ihren Partnern lassen können.

Folgerichtig blieben an diesem Einkaufstag zwei deutsche Kombis über mehrere Stunden in zwei weit auseinanderliegenden Stadtteilen derselben mittelgroßen Stadt unordentlich geparkt auf der Straße unter knalligem Sonnenlicht stehen, unausgeladen.

Nur sieben Tage später öffnete sich Allkauf wie gewohnt gut sortiert, die meisten Kassen waren besetzt, es näherten sich die üblichen Freitagskunden. Obwohl die Unfallgegner sich ohne Absprache aus weit entfernten Stadtteilen auf den Weg gemacht hatten, bogen sie zugleich aus der Zubringerstraße in die Allkauf Parkfläche ein. Der Himmel drückte ein unentschlossenes Grau durch die Frontscheiben. Die Parkplätze unter den Regendächern waren ohne Ausnahme besetzt. Aber unbedachte Asphaltfläche streckte sich bis zum Himmel, der auch noch nicht zugeparkt war. Vereinzelt waren Wagen auf der Freifläche abgestellt worden. Die Unfallgegner fuhren mit ihren Wagen die Gassen zwischen den Überdachungen ab, ließen ihre Wagen endlich ins Freie, dicht nebeneinander auslaufen.

Sie hielten das fällige Markstück nicht bereit. Den Fingerschlag gegen den eingebauten Geldspender zögerten sie hinaus. Durch zwei ungeputzte Seitenfenster tauschten sie ein Lächeln voll Einverständnis. Er stieg aus seinem Familienkombi und stieg in ihren Traum. Sie tauschten noch einmal ein Lächeln, aber keine Berührung, nicht mal ein Wort. Sie fuhr los, unbeachtet ließen sie seinen Wagen in ihrem Rückspiegel verschwinden. Die Autofahrt lief ohne Absprache, es war zwingend, geradeaus zu sehen. Sie redeten nicht, sie spielte keine Kassetten ab. Die Stille war nicht leicht auszuhalten.

Sie hatten nichts vereinbart. Sie folgte dem ersten Auto mit ausländischem Kennzeichen. So kamen sie auf die Autobahn Richtung Lüttich und darüberhinaus.

Gegen Mittag gerieten sie zum zweiten Mal in einen unabsehbar langwierigen und zähen Fließstau auf der Autobahn Richtung Brüssel. »Sollen wir ausscheren?« Sie erlaubten sich die Ausfahrt.

Die Landstraße führte sie parallel zur Autobahn. Die kleinen Orte zogen schnell vorbei, bekamen keinen Namen und hatten nur selten mehr als zwei große Kreuzungen. Die Natursteine der Häuser grau, vom verflossenen Durchgangsverkehr angerußt; die aufgestrichene Großwerbung, eingestaubt, verwittert, blätterte ab von ungeschützten Giebelwänden freistehender Häuser. Frisch plakatiert war nur die Aufforderung zu wählen.

Die Köpfe der Kandidaten wiederholten sich. Manchmal wurde vor der lädierten Fahrbahn gewarnt. An dieser Straße hätten sie niemals ein Hotel vorbestellt, aber ihre Ungeduld beendete bald ihre Fahrt.

Außer Wiederholungen war von dieser Landstraße nichts mehr zu erwarten. »Soll'n wir's versuchen?« An der einzigen Kreuzung des siebten Straßendorfes nach der Autobahnausfahrt fuhren sie von der Straße ab auf die geharkte Kiesfläche vor ein einfaches Hotel.

Sie hatten nichts gebucht, bis zu diesem Augenblick nichts von ihrer Ankunft gewusst. Die Männer, die schon den ganzen Vormittag und auch alle Tage vorher vor dem einzigen Straßeneckcafe gesessen hatten, erwarteten die Fremden, die aus ihrem Alltag getreten waren.

Die beiden mussten durch den Blick der Männer. Dass sie in der Mittagszeit das leere Hotel betraten, reichte den Beobachtern, ihnen Geschichten anzuhängen, die nicht falsch zu bleiben brauchten.

Der Ort hatte keinen Namen, vorher nicht, nachher nicht. Ungeplant waren sie aus dem üblichen Fließstau irgendeiner europäischen Autobahn ausgeschert. Das einzige Straßenhotel an der einzigen Kreuzung des Straßendorfes nahm sie ohne Voranmeldung auf.

Die Männer im Straßeneckcafe konnten dem Pärchen bis zur Rezeption neben dem Treppenaufgang hinterhersehen. Die Glastüre, immer gerade frisch poliert, ließ den Blick beinahe ungehindert durch.

Keine Fachkraft an der Rezeption, nur die Tochter des Besitzers und das Aufwartemädchen für die Zimmerarbeiten, in unverständlichem Französisch albernd. Ihr Zimmer war frei, nicht telefonisch zu buchen, nicht vorzubestellen.

Ohne Begleitung stiegen sie in die erste Etage. Als die Treppe einen schroffen Knick machte, verloren sich ihre Hochhackigen bonbonrot aus dem Blick der Männer. Um alle Zimmer lief ein breiter Balkon, angebaut, noch unverputzt. Blicke von der Straße warf er schroff zurück. Sie waren die einzigen Gäste, am Abend würde das Licht verraten, welches Zimmer sie bezogen hatten.

Sie waren beide ohne Gepäck. Es war nichts auszupacken und nichts einzuräumen. Sie blieben im Raum stehen. Es gab kein Telefon. Es gab keinen Grund, sich erst einmal auf die Bettkante zu setzen und zu telefonieren. Es gab keinen Fernseher, aber wie hätten sie den auch einschalten sollen. Von überall fiel Sonnenlicht aus einem beinahe fleckenfrei blauen Himmel, den sprunghafte Hügelketten schmalgedrückt hielten.

Er versuchte, ob es etwas brachte, die orangefarbenen Vorhänge vorzuziehen. Sie nutzte diese Gelegenheit, ihre Hand auf seine Hand zu legen und das Vorziehen der Vorhänge sanft abzubrechen. Ein Stück oranger Vorhang blieb ein kurzes Stück weit ausgezogen. Der Balkon war erst bei der letzten Modernisierung angebaut und durch zwei neue große Türfenster von zwei Zimmerseiten aus begehbar gemacht worden. Zwei Liegestühle standen vergeblich leer. Mit Fotoapparat hätte man auf die Längstseite hinaustreten und sich an der Ecke zu einem Erinnerungsfoto vor der Landschaft aufstellen können. Danach hätte man überraschend von der Breitseite wieder ins Zimmer treten können. Das Zimmer war umstellt von Doppelverglasungen. Die zwei übriggebliebenen Wände zeigten die alten Muster auf einer dunklen Textiltapete. Die Zimmerwände hielten nur wenig Dunkelheit im Raum, die alte Stuckdecke stieß hart an die goldenen Alurahmen der Glasinstallation. An seiner Längstseite lief das Zimmer mit der schmaleren Straße mit. Die verlor sich von der Hauptstraße weg in der Hügellandschaft. Die linke Fenstertür an der kürzeren Breitseite zeigte hinter dem Balkon den Hof des

Nachbarn. Knallroter Lastwagen, frisch gewaschen, Frau im roten Rock, er mit freiem Oberkörper. Liebte gerade sein Auto.

Die Frau aus dem Nachbarhof blickte mit zögerlicher Verspätung zu der Bewegung am Fenster hoch. Die beiden traten etwas vom Fenster weg und standen jeder für sich im Zimmer. Er hätte sie jetzt hinter dem Hauptausgang von Allkauf in den leerstehenden Personaleingang ziehen mögen, einfach nur hinter die Türe, um sich an ihr rauf und runter zu küssen. Er hätte sie hinter der Nordseefrischfischverkaufsbude abrupt vom Boden reißen wollen und über ihr zurückfallendes Gesicht besinnungslos herküssen.

Sie hätte gerne seine Hand mit den langen ausgeprägten Fingern über den grünen Marmortisch eines Wiener Cafehauses auf sich zu ziehen mögen, aber sie sah nur einen schweren Eichentisch mit rotem Läufer und gelben Wachsblumen.

Ihm fiel ein, dass es sinnvoll sein könnte, nach der langen Fahrt erst noch zur Toilette zu gehen. Im Zimmer kein Bad, keine Dusche, bloß ein Waschbecken, das bewegungslos auf seinem kurvigen Abflussrohr durchs Zimmer schwebte, knapp unter dem kleinen Spiegel her.

Toilette auf dem Gang gleich nebenan. Die Spülung würde man im ganzen Haus hören. Der enge Kloraum war frisch renoviert, neben dem Hängeklo schwebte ein Urinierbecken. Was eine Frau sich dabei denken würde? Er fand Urinierinstallationen immer interessant.

Auf dem Land oder in alten Weinwirtschaften am Rhein stieß man manchmal noch auf die langen Pissrillen vor gefliester Wand, im Keller von Autobahnraststätten Becken ohne Ende, im Paris der sechziger Jahre die runden Blechhäuschen mitten auf den schönsten Boulevards. Duchamps ready made im Museum verlorengegangen, nachgebaut, weiterhin unbenutzt. Ob der Nachtwächter? Er dachte zum ersten Mal darüber nach, dass jeder Mensch alle vier Stunden zur Toilette musste, ihm fiel ein, was er sonst noch über die Menschheit wusste, und ihn überkam das Gefühl, einen noch nie gedachten Gedanken zu denken, der gänzlich unerwartet sein Gehirn mit einem ungewohnten Licht der Erkenntnis flutete.

Sie hörte die Wasserspülung, die er mehrfach in Gang setzen musste. Ihr Blick blieb bei dem Schlüssel in dem veralteten Türschloss hängen. Sie überlegte, dass es eigentlich komisch wirken müsste, sich mit einem fremden Mann einzuschließen. Die Türe nicht abzuschließen, hätte sie unerträglich gefunden. Sie wollte vermeiden, irgendetwas zu tun, was in irreführender Weise eindeutig hätte erscheinen können. Das war schwer zu vermeiden, wenn nach seiner Rückkehr sie die Türe abschließen würde. Als er wieder ins Zimmer trat, schien es ihr passend, sofort auch ihren Gang zur Toilette abzuwickeln.

Sie überlegte einen Moment, ob sich bei ihr zu Hause ein modernes Urinierbecken für Männer gut machen würde. Auf jeden Fall würde man damit die Urinflecken neben dem Sitzklo vermindern können.

Sie war unsicher, wie die Freundinnen ihrer jüngeren Tochter sich auf einer Toilette mit schwebendem Pinkelbecken fühlen würden.

Kleinere Jungs würde die Installationshöhe bestimmt provozieren.

Sie erinnerte sich, dass sie im Augenblick keine heimischen Bauprobleme zu lösen brauchte. Sie überlegte, warum sie im Mai, wenn es Spargel gab, diesen Uringestank nicht ganz ohne Neugierde roch. Sie verfolgte die Idee nicht weiter.

Sie hätte es nicht gut gefunden, wenn er bei ihrer Rückkehr schon ausgezogen im Bett gelegen hätte, trotzdem hätte das die Sache vielleicht erleichtern können. Noch schlimmer, wenn er mit einer Flasche Champagner von dem soliden Tisch aus sie hätte anmachen wollen.

Er war weder im Bett noch am Tisch. Er sah einem Triebwagen hinterher, der vom nahen Zwergbahnhof kommend quer durch das bergige Feld fuhr und, als sie eintrat, kurz aus dem Blickfeld verschwand, dann wieder schräg in der Kurve liegend im rechten Fenster länger zu sehen war, bergwärts fahrend, eine Kreuzung mit Spielzeugautomatikschranke passierte, schließlich, schon sehr geschrumpft, unmerklich in den Hügeln verloren ging. Sie hätte den Schlüssel umdrehen können, das wäre ein Signal gewesen. Sie ging aber bis zum Fenster durch und verfolgte das Wiederauftauchen und Verschwinden der Schmalspurbahn. Sie fragte ihn, ob er lieber mit dem Zug hergekommen wäre. Er fragte sie, ab wann sie ihren Mann nicht mehr für einen fremden Mann gehalten habe. Sie überlegte, ob sie die Türe wie selbstverständlich abschließen sollte oder noch nicht, und sagte ihm, dass sie sich nicht daran erinnern könne.

Vielleicht war kennen immer wieder sehen, mehr nicht. Er wusste selber nicht, warum er seine Frau nicht fremd fand.

Sie standen immer noch im Raum, fanden es nicht mehr so unangenehm. Sie dachten darüber nach, wie lange man es schafft, sich fremd zu bleiben. Im Nachbarhof wurde der Lastwagen gestartet. Der Mann mit dem freien Oberkörper beugte sich im Abfahren aus der Fahrerkabine, vermutlich schrie er der Frau etwas zu.

Die Frau war sehr jung, ihr roter Rock bewegte sich in das schattige Haus zurück, nicht ohne zu wissen, dass das Mittagspärchen ihn nicht aus den Augen lassen konnte. Beifallssüchtig kam der Rock auch gleich schon wieder ins Bild. Der kleine gelbe schaukelnde Plastikeimer, den die junge Frau tragen musste, zwang sie noch stärker, ihr Becken gegen das lastende Gewicht hochzudrücken. Das bekam dem roten Rock.

Er trat nicht ins Zimmer zurück, aber sagte ihr, dass er sie so schön finde. Der Satz war nicht sehr neu. Sie hatte ihn lange nicht gehört und wollte es glauben. Sie sagte nichts, bekam etwas weichere Empfindungen. Sie wollte ihm zeigen, dass sie es sich nicht so schwer machen müssten. Sie fand die Lösung für das Türverschließen. Sie nahm ihn bei der Hand und forderte ihn auf, die Türe abzuschließen.

So machten sie es gemeinsam und hatten Spaß daran. Beinahe im selben Augenblick musste das Mädchen die Treppe hochgekommen sein. Es wollte etwas von ihnen in unverständlichem Französisch. Sie meldeten sich nicht. Die Türklinke bewegte sich zwei Mal nach unten. Die Türe blieb geschlossen. Das Mädchen entfernte sich, sie konnten zurück ins Zimmer treten. Es wäre das Einfachste gewesen, es in diesem Augenblick erst einmal zu machen. Das Grand Lit quietschte etwas, war im übrigen fest. Als sie sich auf die Bettkante niedergelassen hatte, war ihr nicht mehr so klar, ob sie sich mit ihm in ein unglaubliches Erlebnis hatte stürzen wollen oder ob sie erst noch einen Spaziergang in das Hügelland vorschlagen sollte.

Während er sich an der Mündung ihrer Hochhackigen zu schaffen machte, überschlug sie, wie lange sie mit ihrem Mann noch die Hypothek für die Eigentumswohnung abtragen musste. Sie konnte sich nicht einig werden, ob sie das durchhalten wollte, sie fand es einfacher, erst einmal leidenschaftlich zu sein.

Er hoffte, dass es bei ihm nicht zu schnell gehen würde. Ein Spaziergang in das Hügelland hätte ihm ermöglicht, unauffällig die Frage nach AIDS und Verhütung zu stellen. Das hatte er sich fest vorgenommen. Als er merkte, dass die Zeit drängte, entschied er sich für das Risiko, das ungeplante und überraschende Ereignisse nun mal mit sich bringen. Er war bereit zu sterben, also liebte er sie heftig.

Sie hätte auf gar keinen Fall sterben wollen, war im Augenblick jedoch planlos.

So hätte etwa neun Monate nach dem ersten Zusammenstoß auf dem Allkaufparkplatz ihr ungeschütztes Aufeinanderprallen in einem routinierten Grand Lit seinen Lauf nehmen können, wenn nicht in diesem Augenblick von rechts der rote Rock langsam ins Bild geglitten wäre. Die junge Frau vom Nachbarhof hatte begonnen, die lange Glasfassade gewohnheitsmäßig mit einem Fensterputzgerät zu bearbeiten. Die beiden vermuteten nicht zu Unrecht, dass das Mädchen von der Rezeption sie auf dieses Ereignis hatte hinweisen wollen.

Die Fensterputzerin nahm Blickkontakt auf. Durch etwas überhastet ersonnene Aufräumbewegungen versuchten sie der sehr jungen Frau klarzumachen, dass sie überhaupt nicht störe. Es schien ihnen zu spät, die orangefarbenen Vorhänge vorzuziehen, und der Gedanke, die Liebe vor den Augen der schönen jungen Frau einfach zu machen, tauchte bei ihnen beiden zwar im selben Augenblick in den hintersten Ecken ihrer Fantasie auf, aber die hatten sie selbst noch nie betreten, den Unfallgegner hätten sie da auf keinen Fall hineinziehen mögen.

Die Fensterputzerin hatte Routine. Der Tag war immer noch zu hell, als die Fensterflächen frisch geputzt waren. Es erschien ihm günstiger, die orangefarbenen Vorhänge vorzuziehen, obwohl das im Nachbarhof als Geständnis gedeutet werden musste. Sie hinderte ihn nicht daran. Verdunkelt war das Zimmer immer noch nicht, das Licht unentschieden. Es gab keinen Grund mehr, die Sache hinauszuzögern. Entschieden stürzten beide sich in unbekannte Küsse, nahmen sich den Abstand weg und wechselseitig die Kleidung. Die Luft umfloss sie warm genug, aber immer noch zu hell.

Sie rieben ihre Nacktheit aneinander heiß, mischten, während ihnen die Augen verloren gingen, ihre Körper in ungeordnete Erregungen.

Als sie aufwachte, versuchte sie zuerst die Uhr zu lesen. Es war nach zehn. Ihr war sofort klar, in welcher Lage sie sich befand. Als sie von der Toilette zurückkam, zog sie die farblos und schwer hängenden Vorhänge beiseite. Er erwachte mit dem Geräusch. Vor ihren Augen stürzte sich die Dunkelheit über weiße Laternen, Fledermäuse hinter sich herziehend. Die größte Laterne hielt vor ihrem rechten Fenster, in weitem Abstand zogen die anderen die Feldstraße entlang in die Hügel, zerflackerten in der mondlosen Dunkelheit.

Sie mochten beide nicht sagen, dass sie Hunger hatten. Sie ging zurück zum gand lit und legte sich zu ihm unter das Bettuch. Für einen Moment hatten sie Spaß daran, herauszufinden, auf welche Weise sie sich liegend im Arm halten könnten. Ihm kam der Verdacht, dass sie an zu Hause denken könnte. Mit ihrem Mann hatte sie bestimmt schon längst die optimale Liegestellung herausgefunden. Er traute sich nicht zu fragen. Sie dachte einen Moment an Tomas und Teresa wie die beiden in der unerträglichen Leichtigkeit sich ihre Hände im Schlaf hielten. Sie überlegte, ob er mit seiner Frau Hand in Hand zu schlafen gewohnt war. Sie frage ihn, was er gerade denke. Sie blickten beide vom Bett aus hoch zu der wegdämmernden Stuckdecke. Sie sahen sich nicht an. Er antwortete nicht. Sie fühlten ihre

Haut aufdringlich, fremd, weich und sanft. Sie freute sich, dass der Mann keine reibige Haut hatte. Beide fühlten sich gut in dem unvertrauten Geruch des anderen. Sie überlegten, ob sie nicht doch vorbeugend irgendein Parfum hätten auflegen müssen.

Sie wiederholte ihre Frage nicht. Er antwortete nicht. Sie schwiegen und hörten dem Zimmer zu. Auf der Landstraße mussten Straßenrennen ausgebrochen sein, schrille Jungen spielten im engen Nachbarhof Fußball, ein Zwingerhund bellte hinter jeder Ballabgabe her, aus den Hügelketten jaulten andere Zwingerhunde. Immer wieder hielt ein Wagen oder ein Moped bei der Eckbar, Motoren liefen oder wurden hochgedreht oder neu angeworfen.

Er erinnerte sich, dass er in einem Abenteuer steckte. Er fühlte sich genötigt, etwas zu unternehmen und machte sich daran, in noch unbestimmter Absicht über sie herzutasten . Da sagte sie: »Erzähle mir eine Geschichte!« Seine Annäherungen brachen ab. Er fühlte sich ertappt. Das Bett stürzte unter ihm weg. Er sah, wie unwirtlich das Zimmer war, in dem er lag. Sie genoss, dass sie ihn in Zugzwang gebracht hatte. Sie war neugierig, wie er sich freikämpfen würde. Sie ließ sich nicht anmerken, dass sie wusste, worum es ging. Er fühlte sich ertappt. Er dachte keinen Augenblick, dass sie im Unrecht sein könnte. Er versuchte erste Sätze, merkte, dass sich an ihnen keine Geschichte aufziehen ließ.

Er sah im dunklen Laternenlicht ihren Kopf an hochaufgereckter Nase dicht neben sich durch das Zimmer dahingleiten. Ihr Mund ein wenig offenstehend , unbewegt wie die Öffnung zu der Toten-maske, die nach ihrem Tod anzufertigen sein würde. Alle Farben in die Dunkelheit verflossen, still drückten sich die Schädelknochen durch die erstorbenen Wangen, um so lauter hörte er die Geräusche von außen über sie wegfallen, und dagegen an, nur ganz vage, wie nicht, aber doch erschreckend, einen Seufzer oder Angstschrei aus ihrem Mund. Beide wussten sie nicht, ob sie ihn gehört hatten. Trotzdem horchten sie auf das Treppenhaus. Der Flur blieb still, keine Bewegung das Treppenhaus aufwärts, das Hotel schien nichts gehört zu haben, unverändert laut war die Straße.

Sie zweifelte einen Moment, mit wem sie sich wohl eingelassen hatte, ihre linke Hand tastete an den Strukturen der eher kühlen Textiltapete nach irgendeinem Anhaltspunkt, unvermittelt trat ihr beruhigend der Vater zur Seite. Sie erinnerte sich, wie ihr Vater ihre Angst so oft verscheucht hatte, die Ungeheuer, die sich beim Dun-kelwerden aus den Mustern ihrer Kinderzimmertapete herauslösten und über ihr Bett hermachten. Sie fühlte sich plötzlich sehr stark und sehr sehr groß, sie setzte sich auf, befeuchtete ihren rechten Zeigefinger mit Spucke und rieb dem Mann neben sich satte nasse Kreuzzeichen erst mitten in die Stirn auf die Stelle, auf die die Ge-wehre der Erschießungskommandos in Filmen immer gerichtet sind, dann abwärtsgleitend erst auf das linke, dann auf das rechte Augenlid. Ihr Finger ließ sich auf den Augen nieder, folgte der still kreisenden Form und geriet in Bewegung.

Die kreisende Reibebewegung machte ihr Spaß. Sie ermahnte ihn, die Augen zu schließen und geschlossen zu halten. Über ihn gebeugt rieb sie seine Geister aus. Er musste sie immer wieder loben mit geschlossenen Augen. Sie wollte wissen, dass es ihm gut tat. Ihm fiel plötzlich auf, dass sein Mund nicht mehr trocken war und dass er hätte beginnen können, eine Geschichte zu erzählen. Aber er hatte keine.

Er hatte sein Leben geordnet, hatte die vielen Ein- und Ausgänge, die zwischen dem großen Urlaub und der Steuererklärung zu bewältigen waren, pünktlich erledigt. Er hatte zusätzliche Steuerabschreibungen herausholen können, er hatte die Autoversicherung ermittelt, die die größte Überschussausschüttung vornahm, die Lebensversicherungen deckten seiner Frau schon jetzt das Risiko voll ab, wenn er unvorhergesehen sterben würde. Den einzigen Vorwurf, den er sich zu machen hatte, war, dass er Überziehungskredite trotz vieler kleiner Rechen-, Spar- und Disziplinierungsmaßnahmen nicht dauerhaft hatte vermeiden können, aber der Leiter der Sparkassenfiliale war immer zuvorkommend. Vielleicht lag es auch an seiner Frau, dass das Konto nicht ausgeglichen werden konnte. Er hatte sich von dieser Fahrt einiges versprochen, aber nicht damit gerechnet, auch noch Geschichten erzählen zu müssen.

Wie sie über sein Gesicht herrieb und ihre Brüste um ihn streifen ließ, verlor sich die Bitterkeit, die sich in ihm gegen sie zusammenzuziehen begonnen hatte. Die Vorstellung, dass er neben einer fremden Frau im Bett lag und sich auf eine Geschichte eingelassen hatte, von der er schon nicht mehr wusste, ob er sie überhaupt wollte, verlor an Kontur. Ihr Geruch breitete sich über ihn, er vergaß, gab sich unbestimmten Bildern hin, die seinen Kopf besetzten, und schickte statt einer Geschichte erneut seine Hände mit den ausgeprägten Fingern vor, denen sich auch sogleich die erhofften Antworten mitteilten.

Für einen Moment hielt ihn die Erinnerung an die unzweifelhaft sprödere Haut seiner Frau, die sich noch nie so weich hatte anfühlen lassen. Warum wurde in Heiratsannoncen nie etwas über die Haut verraten.

Es konnte nicht mehr dunkler werden, aber die Jungen spielten weiter Fußball, die Gäste des Straßencafes hatten den Tag noch lange nicht aufgegeben. Es wäre nicht übel aufgenommen worden, wenn das Mittagspärchen noch einmal sein Hotelzimmer verlassen hätte, um sich unter die Gäste an der Bar zu mischen.

Die Männer saßen an den Tischen, die vor hohen Spiegeln aufgestellt waren, oder auf den Hockern an der Bar. Obwohl beide Fernseher Sportnachrichten brachten, hätten sie sympathisierende Blicke oder interessiertes Getuschel für das ausländische Pärchen freizumachen gewusst.

Der Schritt aus ihrem Hotelzimmer hinaus schien in diesem Augenblick nicht angebracht. Sie hatte seine Handbewegungen erhofft und wollte nicht mehr auseinanderhalten, wo seine Fingerkuppen anfingen und ihr Körper endete, allerdings hatte er begonnen an anderen Stellen ihres Körpers andere Geschichten zu erzählen, als sie sich erträumt hatte. Einen Augenblick dachte sie an die vertrautere Hand ihres Mannes, dann fiel ihr die große tröstende Hand ihres Vaters ein. Seine Geschichten hatten ihr immer gefallen.

Nur ein Mal hatte er sie geschlagen, mit der Hand, an der sie so gerne ihre Wange abrieb. Ein einziges Mal hatte er sie geschlagen.

Dafür, dass sie sich von einer Freundin die Haare hatte abschneiden lassen, ohne ihn zu fragen. So oft hatte sie ihren Mund zärtlich in diese Hand eingedrückt. Der Schlag hatte ihr nichts gemacht, nicht das geringste. Noch am selben Tag hatte sie sich in ihren breitesten Gürtel geschnürt und am Eckgeschäft, wo sich Jungen und Mädchen bis beinahe zur Mitternacht gegenüberstanden, vergeblich bemüht, den Jungen zu beeindrucken, den sie mit ihren dreizehn so gerne zu ihrem Prinzen ernannt hätte. Zu spät war sie nach Hause gelaufen.

Der Vater hatte sie auf den Schoß genommen und seine Hand hatte ihr schönere Tage versprochen bis weit nach Mitternacht. Sie spürte ihren Körper zurückkehren und bei ihr stillstehen. Er hatte nichts bemerkt, seine Fingerbewegungen wollten nicht aufhören.

Sie drehte sich von ihm weg, auf ihre Bettseite und fragte ihn, ob er die Geschichte vergessen habe. Da lag er alleine mit all seinen schönen Gefühlen, fühlte sich nicht im Unrecht, genoss es, Bitterkeit beleidigt in sich aufsteigen zu lassen. Zu gerne hätte er sie angesehen und sie gefragt, auf welche Weise sie am liebsten beerdigt werden würde.

Die Geräusche der Straße wurden leiser, um 24 Uhr beendeten die Jungen mitten im Schuss ihr Ballspiel. Nur die Kettenhunde jaulten lauter, trugen entfernte Gehöfte ins Zimmer. Die Stuckdecke kaum noch zu sehen, die Straßenlaternen dunkel. Sie fragte ihn, ob er gekränkt sei. Er konnte nichts antworten. Er wusste nicht, ob er sich das in diesem Augenblick hätte leisten können. Er überlegte, ob sie in ihrer Ecke vielleicht geweint haben könnte. Vielleicht hatte sie sich belustigt. Er wünschte sich den Morgen. Er wusste nicht, warum er weiter in diesem Zimmer liegen sollte. Er fühlte sich auf das Bett genagelt, wie er das nur in seiner Kindheit erlebt hatte. Er wollte sich ihr nicht soweit ausliefern. Er wollte ihr nicht verraten, wie sie ziemlich schöne Hoffnungen abrupt enttäuscht hatte. Es schien ihm ein kluger Schritt, ihr mitzuteilen, dass er sich angenagelt fühle wie ein Kind und dass er wohl in seiner Kindheit, aber seitdem schon lange nicht mehr, sich so mies gefühlt habe im Bett. Sie reagierte nicht darauf, dass er behauptete, sich mies zu fühlen. Sie hatte zugehört und wollte wissen, warum er sich in der Kindheit im Bett wie angenagelt gefühlt habe. Sie konnte das nicht verstehen. Sie liebte das Träumen im Bett, hatte sich versteckt und hineingekuschelt in warme Bettwäsche als klitzekleines Mädchen und später auch noch und konnte sich nicht vorstellen, dass es so unangenehme Lagen im Bett überhaupt geben konnte.

Er dachte einen Moment, dass ihr Interesse nicht in die Richtung ging, in die er sie hatte lenken wollen. Er hatte sich von seinen Sätzen eine andere Wirkung erhofft, aber es tat ihm trotzdem gut, zu erzählen, woran er sich in diesem Augenblick zum ersten Mal erinnerte.

Sie blieb in ihre Ecke gedreht und ließ die Geschichte über sich kommen, die Geschichte von einem Verrat.

Es war nichts Wichtiges. Als Kind hatte er seine Mutter an seinen Vater ausgeliefert. Der Vater hatte der Mutter das Rauchen strikt untersagt. Eine Dame raucht nicht. Die deutsche Frau raucht nicht. Auch der Führer hatte nicht geraucht und nur Milch getrunken. Der Vater rauchte an den Biertheken Zigarren. Er rauchte Rothändle, am Baggerloch mit älteren Jungen, im Dreierpack an der Seltersbude besorgt. Er war erst neun, er hatte zu zahlen, die großen beschafften. Bevor sie vom Spielen nach Hause zurückkehrten, aßen sie Sauerampfer, lutschten Pfefferminz und hauchten den ganzen Weg über aus. Den verruchten Speichelgeschmack bekam er nie weg. Hielt bei der Heimkehr die Lippen immer ganz feste aufeinandergepresst und versuchte der Umarmung seiner Mutter auszuweichen.

Die Mutter schien sein heimliches Rauchen nie zu merken, vielleicht roch sie es wirklich nicht, weil auch sie, wenn der Vater nicht da war, täglich die eine und andere Zigarette qualmte. Danach öffnete sie immer die beiden Fensterflügel und wedelte mit der Tür. Wenn er dabei war, half er, Durchzug machen, damit der Vater nichts merkte, keinen Grund hatte zu toben. Der Vater tobte ohnehin in regellosen Abständen, schlug seine Mutter im besoffenen

Kopf, was er mit seinen neun Jahren nicht verhindern konnte, ihm aber den Vater immer verhasster machte.

An irgendeinem Abend suchte der Vater wieder einen Grund. Er bot dem Jungen an, länger aufbleiben zu dürfen, wenn er zugeben würde, dass die Mutter an diesem Tag geraucht hatte. Die Mutter hatte ihn unnachgiebig ins Bett schicken wollen. Der Vater versicherte dem Jungen, dass er länger aufbleiben dürfe. Die Mutter hatte an diesem Tag geraucht. Der Junge verriet seine Mutter an den Vater. Der Vater hatte den Grund, den er gesucht hatte. Der Vater hielt Wort. Der Junge durfte länger aufbleiben.

Während er erzählte, hatte sie sich ihm zugewendet. Sie versuchte, sein Gesicht in der Dunkelheit zu sehen. Sie ahnte, dass ihr unerhörtes Abenteuer zu Ende ging. Sie sagte ihm auf den Kopf zu, dass er diese Geschichte bestimmt noch nie jemandem erzählt habe. Er wunderte sich, woher sie das wissen konnte, obwohl sie doch noch kaum miteinander gesprochen hatten. Sie erschraken beide und freuten sich.

Sie setzte sich gegen die Rückwand und brachte ihn dazu, dass er seinen Kopf in ihren Schoß legte. Sie lagen im dunklen Licht der mondlosen Nacht. Sie spürte zwei Narben auf, die sich über seinen Nasenrücken zogen. Sie wusste, dass sie in diesem Augenblick alles entscheiden konnte, sie hatte ihn in der Hand. Sie zögerte, während ihre Finger über sein Gesicht hinstreichelten, ob sie nicht doch die Dinge lassen sollte, wie sie waren. Sie versuchte, sich an ihren Mann in ihrer Eigentumswohnung zu erinnern. Aber sie schmeckte den

Sauerampfer und stellte sich Rothändle im Dreierpack vor. Seinen Verrat mochte sie nicht vorzustellen.

Sie wusste, dass sie dem Mann, der ihr gerade im Dunkeln eine Geschichte ausgeliefert hatte, bald eine Antwort geben musste. Wenn er eine Freundin gewesen wäre, hätte sie eine Geschichte aus ihrer Kindheit erzählt, die sich wirklich vor einer Losbude auf der Kirmes abgespielt hatte und ihr viele Glasschälchen, aber nicht den ersehnten dicken braunen Plüschbär eingebracht hatte. Sie erzählte ihm nichts. Sie fühlte, dass seine Ohren verschlossen waren. Er musste beinahe jede Antwort fürchten. Der Kettenhund vom Nachbarhof heulte zu ihnen hoch, sie erinnerte sich an den roten Rock führte ihn auf eine Decke, die sie wie vom Wind verweht auf den Boden gleiten ließ, bat ihn, nichts mehr zu sprechen und sich einfach in ihre Hände zu begeben, alle Formungen, die sie vornehmen würde, einfach zuzulassen, entkleidete erst ihn, dann sich selbst und brachte ihn dann auf dem Boden in eine Sitzposition, bei der er vor seine Gefährtin zu knien kam, dabei mit seinem Po auf seinen Fersen sitzend. Sie selbst legte sich auf den Rücken, rutschte mit ihrem Po auf seine Schenkel und lehnte ihre hochgehobenen Beine gegen seine Schultern. Das alles nur erfühlt, kaum gesehen. Er fügte sich neugierig, willig, äußerlich jedenfalls, blieb aber noch ein wenig auf Abwehr, fühlte sich vielleicht überrumpelt und dachte, warum so viel Aufhebens vom Aussehen gemacht wird, wenn im entscheidenden Augenblick den Liebenden doch das Sehen vergeht, sie nur noch Haut sind, Gefühl und Tastsinn. Paradox des Beischlafes, dass die Augen in die Nähe der Frau locken müssen, damit ihnen dort das Sehen vergeht. An seinem Glied, das sich zurückgezogen zwischen seinen buschigen Schamhaaren in Lauerstellung befand, hätte sie merken können, dass er noch nicht zugänglich war. Aber die beiden sahen sich nicht und hörten nur ihr Atmen, tauschten keine Blicke und kein Wort. Nicht ohne Neugierde fühlte er, wie sie seine Vorhaut mit seiner Eichel Katz und Maus spielen ließ, überlegte für einen Augenblick, ob er sie fragen sollte, ob sie ihn gerade verglich mit welchen Männern auch immer. Zum Glück verbat er sich diese Aggression und schwieg, wie sie es eingefordert hatte. Sie hatte Geduld und Feingefühl, seinen Penis neugierig zu machen, aus der Ruhehaltung hinauszulocken und ihn auf ihre Seite zu ziehen, indem sie zunächst sein Glied nur mit der Eichel in ihre Scheide einführte und dort in Wartestellung hielt. Er hatte sich gefügt, wehrte sich nicht, versuchte bei diesem noch nie erlebten Vorgang sich gelehrig und folgsam zu verhalten, als sie seinen Zeigefinger und Daumen erst in ihrem Mund an ihrer Zungenspitze befeuchtete und dann ebenfalls auf ihre Seite zog und oberhalb von seinem Penis in kreisende sanfte Bewegungen hineinzog zur endlos Fahrt auf dem nicht endenden Oval ihrer Schamlippen. Für einen Moment noch hatte er Distanz genug, um seine Gedanken weiter zu verfolgen, wieso das Kino von den Verführungen lebt, die die Stars mit ihren Körperreizen auf der Leinwand ausbreiten, die körperliche Liebe aber mit ausgestochenen Augen sich weit intensiver anfühlt, als die Bilder je verraten können. Mochte sein, so dachte er, und hörte einen Lastwagen entschwinden, mochte sein, dass im Sterben das Hautgefühl den Menschen als letztes verlässt. Also möglichst lange dem Sterbenden eine zärtliche Hand reichen. Trotz der späten Nacht startete in irgendeinem Hinterhof ein weiterer Laster seinen Dieselmotor, ohne abzufahren. Dann hatte sie ihn für sich eingenommen. Er spürte die Erregung ihrer Klitoris, Türhüterin vorm Paradies, mäandernder Strom aus Rosa, auf ihn zielen, verstärkte ihr Einverständnis durch behutsames Berühren und überließ sich seinem fühlenden Streicheln. Ein Anrutschen seiner Gespielin auf ihn zu machte, dass sein Penis von ihrer Scheide unausweichlich umfasst wurde und sich tief in das Spiel von Lassen und Gefasstwerden verlor. Sie küssten sich nicht, er hörte ihren Bewegungen zu und hörte, wie sehr sie in ihrer Lust aufstieg, bis dann auch er selbst sich einfach fallen ließ.

Irgendwann ließen sie wortlos und ohne einen Gedanken für den nächsten Tag den Schlaf über sich herfallen.

Die Sonne weckte sie um sechs Uhr morgens. Sie sagten sich, dass ein Hahn nicht aufhörte zu krähen. Sie zeigten sich einen dicken weißen verdötschten Kreis, der über den Hügelkuppen aufstieg. Das Waschbecken schwebte unverändert und weiterhin bewegungslos auf seinem kurvigen Abflussrohr durchs Zimmer.

Das Frühstück nahmen sie an einem kleinen Tisch vor der Rezeption. Die Lage war unübersichtlich. Sie wussten nicht, ob sie die Sachen für ihren Alltag weiterhin bei Allkauf Mönchengladbach würden einkaufen wollen. Sie vermieden es, über die Bankkredite und über ihre Partner zu reden.

Sie waren nicht wirklich entschieden, ob sie noch eine Nacht bleiben oder weiterfahren sollten. Es schien ihnen nicht gänzlich ausgeschlossen, unverzüglich nach Haus zurückzukehren und die Dinge anzupacken. Es fiel ihnen auf, dass sie zum ersten Mal gemeinsam Kaffee tranken. Sie tranken den Kaffee aus einer großen Schale, sie nahmen ihn ohne Zucker, ohne Milch, belgisch schwarz.

Ampelgedicht 1

Raus aus deinem Auto.

Steig in meinen Traum

und halte still.

Die Batterie ist leergebrannt.

Da leuchtet unser Lächeln so selbstgemacht.

Wen verrätst du hinter deiner Stirn?

Wen laden wir aus?

Mit Blicken aus Einverständnis

trennen wir uns die Stirn auf,

mit feuchtem Rot ummalst du deine Lippen,

bevor du Zähne zeigst.

Unentschlossen aufeinander zu

In Ordnung, aber nichts endgültig entschieden, unwägbar sichergehen. Sich zu einem Gespräch treffen. Die Zeit nicht länger kürzer werden lassen. Eine dunkle Ecke in einem Lokal unter aller Augen, die nichts sehen, oder heimlicher?

Nur nicht sich bücken und die Zigarettenkippe aufheben, die zerdrückte. Sie hatte um das Gespräch gebeten. Er versprach sich nicht alles davon, sie wenig genug. Er ließ sie den Ort ansagen. Er wollte seine Schlüsse ziehen. Würde sie einen Ort in aller Öffentlichkeit vorschlagen oder fernab der Gefahr, Bekannten unter die Augen zu geraten? Vorläufig wollte sie sich auf einen Ort nicht festlegen. Frei ausschreiten, nicht gehalten von keiner Hand. An sich halten, nicht schon wieder die Fühler ausstrecken. Winterflucht der Weinbergschnecke ins Eigenheim, Bad im schaumigen Schleim.

Gegen 10 Uhr 10 wäre es ihr am liebsten gewesen. Er hätte gerne auf 10 Uhr 09 bestanden.

Vielleicht hätte er sich durchsetzen können. Sie hielt ihn hin. Er hielt den Hörer erwartungsvoll. Er hielt das Schweigen des Telefons nicht aus. Er gab nicht ihr nach. Niemals hätte er ihr nachgegeben, wenn sie ihm gegenübergesessen hätte. Zwei Augen blicken in zwei Augen, die in zwei Augen blicken, Rückblicke ohne Vorsicht, Vorsicht rücksichtslos eindringlich, wenn die Kellnerin nicht dazwischentritt, um ein Trinkgeld abzukassieren.

Dann hätte sie ihm entgegenkommen müssen. Bis zur Duftgrenze wenigstens. Das Verlangen. Der Duft. Er sagte zu, weil er den Hörer in seiner Hand hielt, aber das Schweigen des Telefons nicht aushielt. Er bestätigte die Zeit »zehnuhrzehn«

Eins hatten sie beide begriffen. Vorläufig legte sie ihn noch nicht auf einen Ort fest. Er hatte einen Anhaltspunkt, ihr Bild und die präzise Zeit. Er stellte sich ihr Bild nicht vor, weil er es genau vor Augen hatte, unbeschreiblich. Er zweifelte nicht daran, wenn sie in seinen Blick treten würde, würde er erkennen, dass sie es war und nicht irgendeine andere, eine andere, die sich nicht auf 10 Uhr 10 festgelegt hatte, eine andere, die gar nicht daran dachte, sich zu treffen, selbst wenn sie gewollte hätte, die es nicht nötig hatte, sich einzulassen, auf wen auch immer.

Als sie aufstand, fand sie sich zu blass. Aber auf ihre Meinung kam es nicht an. Es kam nicht darauf an, es kam darauf an, sich nichts zu vergeben und nichts zu verraten. Es kam darauf an, bereit zu sein und alles hinter sich zu lassen, nur ihre Blumen nicht. Sie konnte nicht verhindern, dass die Blumen tropften, aber sie achtete nicht darauf und nahm sie in ihre Linke. Sie sorgte sich um den Teppichboden. Sie war Linkshänderin und liebte Blumen über alles. Sie ließ sich, wie sie wirklich war; sie legte kein Rouge auf, sie würde ihre Blumen nicht im Stich lassen, für niemanden und nichts in der Welt. Sie nahm einen Korb mit, obwohl sie das Schlimmste nicht hoffen wollte. Der Korb hätte weiß sein sollen, von seiner unaussprechlichen Farbe distanzierte sie sich, ohne dass es die Nachbarn, die ihr nicht hinterherschauten, bemerkten. Sie trat ins Freie und dachte: »Schon wieder so ein Montag, man kann nicht für alles in der Welt haftbar gemacht werden.«

Und wie sie diesen Satz dachte, da fand sie sich tief versunken in der Vorstellung, wie einsam es machte, so ganz alleine einkaufen zu gehen, und sie fragte sich ernsthaft, ob die Preise für mushrooms (lt. Schöffler-Weis: Emporkömmlinge) schon wieder gestiegen sein würden und ob es für die Menschheit gleichgültig sein würde, wenn sie endlich einmal den unerlaubten Gedanken fassen würde, den zu denken sie sich bisher nicht herausgenommen hatte.

Tom dachte gar nicht daran, den Gedanken zu denken, den sie zu denken sich nicht herausgenommen hatte. Er kannte sie nicht. Die Verabredung hatte unbestimmt geklungen. Mit seinen Uhren kannte er sich besser aus. Sein Blick war fest, und die Uhren stimmten überein. Niemand dachte an die Uhr, die Tom in einer Schublade hatte liegen lassen, von jetzt auf hier, als gäbe es Tage und zwischen ihnen Abgründe und die Brücken, die man hinter sich abreißen kann. Der Zufall wollte es, dass Tom Experte für Zeit und Zeitlupe war, dadurch verbrauchte er eine Menge Batterien, unmerklich zwar. Tom hielt alle Zeitzeiger fest im Blick. Er war entschlossen, obwohl ihm der Gedanke nicht fremd war, dass das Festhalten der Zeit den Ort um so heftiger kreisen lässt. Tom hatte keineswegs vor, zu entscheiden, ob er stehen bleiben oder vorsorglich auf den Supermarkt zugehen sollte, um die neuen Batterien zu besorgen, die seine Uhren in nächster Zeit brauchen würden. Ohne zu zweifeln hielt er die Zeit fest im Blick. Und obgleich er es geradezu hasste, alleine einzukaufen und sich zwischen Obst und Gemüse zu verirren, tat er den Schritt, den er hoffentlich nicht bereuen sollte.

Er hätte nur einen Blick für die Zeit haben sollen. Sie mochte ihren Augen nicht trauen. Sie mochte ihren Augen nicht trauen und konnte nicht glauben, dass ihr ein Mann unter die Augen kam, der, obwohl er sich auf den Weg gemacht hatte, einkaufen ging. Sie vergaß alle Pläne. Der Mann, dem sie in ihrer Verwirrung in den Weg trat, war kein anderer als Tom.

»Darf ich sie nach der Zeit fragen oder treibt der Zufall Sie? Mein Name ist Susan Sonntag.« »Auf diese Fragen bin ich nicht vorbereitet. Ich bin Experte für Zeit und Zeitlupe und habe heute mit einem Zweikomponentenkleber geduscht, gleichwohl will ich mich nicht hinter meinem Namen verstecken. Ich heiße Tom Montag. Susan Sonntag, ich hätte ihnen bestimmt geschrieben. Aber zwischen den Postwurfsendungen hätte mein Brief keine große Chance gehabt, außerdem hätte ich Ihre Anschrift nicht gewusst und Sie bis zu diesem Augenblick nicht einmal gekannt. Das soll keine Entschuldigung sein. Aber ist es nicht besser so, dass wir uns hier und heute getroffen haben, obwohl ich nicht auszuschließen vermag, dass es inzwischen 10 Uhr 13 geworden sein könnte.

Ohne dass ich schon Schlussfolgerungen damit verbinden möchte, scheint es mir nicht unpassend, ihnen die Frage zu stellen, ob ich Sie nicht einfach Sue nennen darf, wobei es mir am allerwenigsten auf die Zeitersparnis ankommt.«

»Tom Montag, nenne mich wie du willst. Es ist einige Minuten über die Zeit, aber ist es nicht immer wieder hinreißend, ein Experte für Zeit und Zeitlupe zu sein? Tom, ich darf doch Tom sagen, treibt deine Arbeit dich oft aus dem Haus oder findest du Zeit, dich zu entspannen und glücklichen Augenblicken hinzugeben?« »Sue, wie mein Vater will ich es nicht machen, er war ein Luftikus, er streunte. Ich will wirklich was mit meiner Zeit machen, ich will meinen Blick freihalten für meine Uhren. Ich liebe den Ortswechsel nicht, die Zeit gibt uns genug Rätsel auf.«

Sie stellte sich vor, wie es wäre, wenn sie sich irgendwo vergessen würden, aber noch hatte er die Frage nicht gestellt, die Frage, die eine Frage, die ein Mann stellen muss, wenn er es wirklich wissen will. Sie dachte nicht daran, ihm die Fragen abzunehmen.

Noch ehe sie den Supermarkt erreichen konnten, gingen ihnen die Worte aus. Es wäre nicht der treffende Ausdruck, zu sagen, von da an beendeten sie ihr Leben gemeinsam. Deshalb muss der Höhepunkt des Romans, der leider zugleich sein Ende markiert, unübersetzt bleiben.

The End

Unerkannt Romy Schneider chauffieren

»Taxi besetzt.« Zwei Worte nur hätte es gebraucht, unsere Bekanntschaft zu beenden, noch ehe sie begonnen hatte. Aber ich ließ ihr ihren Einstieg auf den Rücksitz meines Taxis durchgehen, aktivierte den Taxameter wie von ihr angeordnet. »Fahren Sie erst los, wenn ich es sage. Ihren Taxameter dürfen Sie aber ruhig schon mal in Gang setzen. Vielleicht will ich hier länger stehen, vielleicht fahre ich auch gar nicht. Aber keine Sorge. Ihr Schaden wird das nicht sein.« Im Nachhinein schwer zu sagen, warum ich sie nicht hinderte am Einstieg in mein Taxi. Mein Taxi ist übrigens zuviel gesagt, Jean-Pierre hatte es mir geliehen, aus Freundschaft. »Das muss wirklich einmalig bleiben, und nur für diesen einen Tag.«

Ich brauchte nicht lange erklären, er verstand. Nur Taxis durften auf diese hoteloffizielle Rampe, die sich aus dem Hotelrasen aufbuckelte. Nur von diesem Warteplatz für Autos im Sondereinsatz hatte man einen Blick in die Hotelküche links vom Entrée. Den hatte ich nun schon seit einigen Stunden in meinem stillgestellten Taxi vollkommen unbewegt lauernd. Noch hielt ich mich für ein Glückskind, dass Jean-Pierre ohne langes Drängen verstanden hatte, warum ich meine Gönnerin an diesem Tag ausspionieren musste. Wem lächelte sie zu, während sie den Salat wusch? Wann trat sie aus ihrer Küche seitlich vor den Lieferanteneingang in ihre Zigarettenpause? Wie sahen meine Mitbewerber aus? Hautfarbe? Größe? Schrittlänge und Gang?

Ich hätte mich von dieser Unbekannten wirklich nicht ablenken lassen dürfen. Warf ich sie nicht hinaus, weil ihre Stimme keine Abfuhr duldete? Erhoffte ich mir so unter der Hand einen Nebenverdienst? War ich nicht vorbereitet auf einen Fahrgast, auf ihre Art von Zudringlichkeit? Gefiel mir, wie ihr Gesicht in einem symmetrischen Oval sehr bestimmt gefasst zu sein schien, wie ihre Haare aus der Stirn nach hinten zurückgekämmt waren? Gefiel mir ihre Festigkeit aufruhend auf haltlos verströmter Weiblichkeit? Gefiel mir ihre Mädchenhaftigkeit parallel zur Frau? Vielleicht schmeichelte mir das Gefühl, dass diese Fremde mir etwas vorzumachen versuchte, ausgerechnet mir. Selbstverständlich misstraute ich diesem Gefühl. Wer sollte mir schon etwas vorspielen wollen. Ausgerechnet mir. Anflug einer Ahnung, mit der stimmt was nicht. Mag mein Interesse erregt haben. Vielleicht war es doch mehr die Hoffnung auf einen Nebenverdienst?

Losgefahren wäre ich auf keinen Fall, bestimmt nicht, selbst wenn sie das angeordnet hätte. Dazu war mir dieser Tag zu wichtig. Uns alle drei hatte meine Gönnerin einbestellt, drei auf einen Schlag für diesen Tag, zeitversetzt allerdings, soviel wusste ich. Aus meinem Versteck im Taxi wollte ich ihr Gespräch mit meinen Konkurrenten beobachten. War ich überhaupt noch gewillt, in dieser Konkurrenz mitzuspielen? Wollte ich Teil einer Wohnung werden? Wollte ich den Liebhaber denn überhaupt noch geben, stürmisch, den sie mich seit 13 Monaten spielen ließ? Wollte ich Vater ihres Säuglings werden?

Paradies – stand mir die Pforte dazu spaltweit offen, oder lief ich geradewegs hinein in eine Falle, die meine Gönnerin mit Raffinesse und Ausdauer um mich aufgestellt hatte? Erst die Verköstigung mit Allerfeinstem, Übriggebliebenem aus der Hotelküche. Crème au Caramel, eigelb und karamelzuckrigsüßbraun seitlich abtropfend, von ihr neckend – erst hinhaltend, dann verschwenderisch – in meinen erwartungsvollen Mund gelöffelt, Fütterung des Raubtieres – oder ihres Schoßhündchens? – mit dem besten Fleisch vom Rind, noch blutig, und dazwischen als Vorboten des Paradieses – Trauben, kernlos, die köstlichsten. Zum Neutralisieren dann aus dem Elsass Bauernbrot, gerissen, dunkle Kruste schrundig. Hinterher aus höchster Höhe getröpfelt Bordeaux blaublut-rot. Ich hatte mich gerne verführen lassen, kaum gewusst, warum diese wilde Marianne ausgerechnet über mich herfiel mit all den Köstlichkeiten aus ihrer Hotelküche, am Ende immer hoch über meine Brust sich hinauswerfend mit all den immer neu überraschenden Ausformungen ihres entblößten Körpers, der an keiner Stelle auf Askese bedacht zu sein schien, seine Düfte und seine Weichheit dann auf mich niederstürzend, überströmend mich mitreißend, Bewegtheiten aus meinem Körper herauslockend, die ich selbst nie in mir vermutet hätte, als ich noch reglos auf Wache oder vor erwartetem Angriff gestanden hatte, steif, unbewegt, muskelstählern, unüberwindbar.

Hatte sie redlich oder voll Arg und hinterlistig mir in den letzten Monaten versichert, dass nur noch ich sie begehrlich mache, dass sie ihr Interesse an meinen beiden Konkurrenten verloren hätte, erst auf kaum merkliche Weise, dann aber zunehmend gänzlich? Sie verstehe es selbst nicht, warum sie nur noch mich wolle, es müsse auf unerklärliche Weise aus ihrem Inneren kommen. Dann kamen aber, unverständlicherweise genau parallel zur ihrer steigenden Vorliebe für mich und noch weit unerklärlicher aus ihrem tiefsten Inneren in unsere heftigsten Bewegungen hinein Koliken, die ihr kein Liegen und kein Stehen erlaubten, sondern nur noch Laufen, Laufen, Laufen. Die warfen sie von jetzt auf gleich von mir weg und aus ihrem Bett. Lief sie vor mir und vor ihrem eigenen Bett weg? Aus ihrem Schlafzimmer in die Küche, um den Küchentisch herum immer wieder und zurück. Konnte der Widerschein des Schmerzes rund um ihre Mundwinkel gespielt sein, gespielt für mich? Hätte sie das nötig gehabt? Der Arzt, den sie aufsuchte, diagnostizierte, ohne einen Moment zu zweifeln, Nierenkoliken. Die wurden aber, trotz der ärztlichen Behandlung, nicht geringer, wurden schmerzhafter, aufdringlicher, trennten uns immer kurz bevor der kleine Tod uns gemeinsam aufschleudern konnte ins All und zwangen sie immer häufiger aus dem Bett, mich entblößt zurücklassend in vereinsamenden Erregungen. Dabei hatten wir so sehr harmoniert, sie immer dominant, ich mich ihren Launen ergebend, erwartungsvoll.

Der letzte Anfall war so heftig, dass zum ersten Mal ich alles organisieren musste, Jean-Pierre bestellen mit seinem Taxi, ins Day Hospital Marie Abadie rasen, eine Kinderklinik nur, aber nah bei der Wohnung. Ich bestimmte die Abläufe. Im Eingangsflur des Krankenhauses ihr Zusammenbruch, aber sehr schnell im Bild einige

Pfleger mit einer Trage, begleitet von einer Ärztin. Die gebietet der sich in Schmerzen Windenden, als sie die Augen öffnet, freundlich Einhalt, will sie beglücken mit der Nachricht, dass sie kurz vor der Geburt ihres Kindes steht. Ich hätte nicht gedacht, dass meine Freundin so viel bleicher noch hätte werden können. Auch ich und sogar Jean-Pierre erblassten von dieser Nachricht, die nicht zu fassen war und auf die keiner von uns, nicht einmal die werdende Mutter, vorbereitet war. Sie, ohne Dank und ohne Verstehen, bäumte sich in all ihrer Schwäche noch einmal auf und spuckte der Ärztin, die sich verständnisvoll und freudig über die werdende Mutter gebeugt hatte, eine gemeine Ladung ins Gesicht und leugnete, je schwanger gewesen zu sein. Ich schämte mich für die Menge der Spucke und dass sie so zähflüssig das Gesicht der Ärztin verunstaltete. Ich schämte mich sehr, wusste aber noch nicht, wem ich glauben sollte.

Noch ehe sie ihre Drohung, die Pfleger, die Ärztin und dies ganze Krankenhaus verklagen zu wollen wegen übler Nachrede, hatte zu Ende formulieren können, nahmen die Geburtswehen ihr die Worte aus dem Mund und lockten ihr einen keineswegs unmelodischen gesangartigen und sehr sehr hochtonigen Schrei ab, der kein Ende fand. Sie brauchte kaum pressen, noch auf der Trage, noch im Krankenhausflur, als wolle er vom Geburtsgesang seiner Mutter nichts versäumen, drängte der Junge ins Freie, blauschwarze Haare. Keine 60 Minuten, nachdem sie in der Notaufnahme als Nierenkolik eingeliefert worden war, hielt sie auf der Frauenstation einen gesunden Sohn im Arm, gebadet und mit Säuglingskleidung des Krankenhauses erst einmal rosa ausgestattet, lange blauschwarze Haare wie gekämmt, sogar auf Scheitel, mit den Händchen und seinen Fingerchen überaus lebendig mich in seinen Bann ziehend. Nicht Nierensteine harte, ein weiches Kind hatte meine Gönnerin verlassen. Unvorbereitet, ohne vorgefasste Planung musste sie nun drei Männer um Mutter und Kind herum aufstellen, sich entscheiden, ob sie mit dem Kind alleine bleiben wollte, ob sie mich oder den Marokkaner oder den dritten, einen Dichter aus Irland, den ich noch nie gesehen hatte, in ihre Wohnung mit aufnehmen wollte, die zwar klein war, aber immerhin mit Blick auf die Gräber des Cimetière du Montparnasse in der Rue de la Gaité recht zentral gelegen.

Sie hatte bis zum Schluss so glaubwürdig gewirkt, dass ich das eigentlich Unfassbare glauben wollte, sie hatte wohl wirklich und wahrhaftig von ihrer Mutterschaft nichts gewusst. War ihre immer heftiger steigende Vorliebe für mich nur eine Episode, bedingt durch das Kind in ihrem Uterus, einer Verwirrung ihrer innersten Gefühle zu verdanken? Hatte das Kind in ihrem Leib mich als Hauptvater ausgemacht, oder war der Marokkaner der Vater oder aber der Dichterling, den ich noch nie gesehen hatte? Würde sie nach der Entbindung sich wie zuvor die Wahl ihrer Beischläfer offen halten, oder würde ihre Vorliebe für mich die Geburt überdauern? Würde ich mit schlaflosen Ohren auf die nächtlichen Geräusche des Säuglings hören, besorgt seinem Naseschniefen und den unregelmäßigen, kurzen Traumlauten auflauern zusammen mit seiner Mutter, wir einander verstehend uns anlächelnd in der nächtlichen Dunkelheit und der Gemeinsamkeit unseres Grand Lit, würde die Lebendigkeit und das Lächeln des Kleinen mich zum Vater machen, stetig und anwesend, oder zögen sie mich doch wieder auf und davon, die ersten Novembernebel? Falls ich zu ihr zöge und zu unserem Kind, würde sie irgendwann oder sehr bald schon ein regelmäßiges Einkommen bei mir erwarten, würde sie mich enttäuscht vor ihre Türe setzen, schon bald oder doch nicht, zwar zögerlich, aber dann doch, oder?

So wundervoll klar hätte der Blick durch die Frontscheibe sein können, hätte nicht der Dauerregen immer wieder die circa fünfzehn Meter lange Blickstrecke zerbröselt. Scheibenwischer anstellen und für kurze Sekunden den Durchblick vollends verlieren, ehe er mit einem Wisch sich wieder einstellte auf der Scheibe. Der suchende Blick nach vorne hinaus ließ mir kaum die Freiheit, im Rückspiegel die unerwartet eingestiegene Frau – Stimme anreizend, sehr anreizend sogar – zu beobachten, hatte sie sich doch tief in die rechte hintere Ecke des Citroëns verhuscht. Wohin sie wohl blickte? In die Hotelküche bestimmt nicht, eher scharf nach rechts zum Hotelentrée oder in das aus dem Hotelhauptbau vorkragende Bistro? »Sie scheinen auch auf der Lauer zu liegen!«, wollte sie von mir wissen. Ich sah keinerlei Grund, einem unbekannten Fahrgast Rede und Antwort zu stehen. Ich konnte nicht glauben, dass sie, von wem auch immer geschickt, mich aushorchen sollte. So wichtig konnte ich für nichts und niemanden sein. Marianne wäre nie auf den Gedanken gekommen, wen auch immer ausspähen zu lassen. Die Legion schon, aber nicht mich. Jean-Pierre? – viel zu selbstgewiss. Ich musste schon wieder den Scheibenwischer in Gang setzen und verlor erneut für kurze Augenblicke den Durchblick. »Für mich brauchen Sie den Scheibenwischer nicht anstellen. Ich kann durch das Seitenfenster alles beobachten, was ich sehen muss.« Ich hatte nicht vor, mich auf ihr Reden einzulassen. Die Mutter meines kleinen Sohnes – war ich denn der Vater? – hatte jetzt ihre Hygienehaube abgezogen, die Schürze in ein für mich nicht einsehbares Off geworfen. Sie würde zur Toilette gehen oder vors Hotel treten. Links vom Lieferanteneingang würde die erst kürzlich neu angebaute Kolonnade sie vor dem Nieselregen schützen. Erstaunlich, dass sie keine drei Monate nach der Geburt schon wieder alles wie immer regelte, rauchte und trank, gemäßigt. Es war nicht die Zigarette, für die sie ins Freie getreten war. Im gleichen Augenblick, in dem sie durch die Lieferantentür vor das Hotel trat, den Regen kurz musterte und ihm ausweichend unter das Kolonnadendach flüchtete, näherte sich ein Mann, der vom Regen nicht berührt zu werden schien, seine Haare, auffällig krollige, von keinem Hut geschützt, ließen mich auf Marokkaner schließen. Ich konnte ihn spontan als meinen Konkurrenten akzeptieren. Auch ich hatte dunkle Haare, aber nicht von dieser Intensität. Würde der Kleine die Geburtshaare verlieren und dann marokkanische Locken bekommen? Oder würde er rotblond werden, wie die meisten Iren ja wohl sind? Sohn eines unruhigen Dichters in Paris, den die Kindsmutter in den letzten 13 Monaten ebenso wie mich mit Hingabe beschlafen hatte. Würde ich irgendwann zweifelsfrei sehen können, dass dieser kleine

Wicht mein Sohn sein könnte, oder würde das Aussehen dieses Jungen zu keiner Zeit Rückschlüsse auf den Vater zulassen?

Die beiden traten tiefer in die Kolonnade, verschwanden aus meinem Blick, ließen die unbestimmte Schattenhaftigkeit eines leeren Kolonnadenentrées zurück, das trotz der Offenheit keinen Blick durchließ in seinen Verlauf. Traten dann aber schon wieder vor in mein Sichtfeld, bewegten sich ohne Trennungsgesten auseinander. Er kam fast auf uns zu, sie blickte nur kurz hinter ihm her, schon die Türe zur Hotelküche für ihren Abgang öffnend. Wann würde der Augenblick kommen, dass sie aus ihrer Hotelküche treten würde nach mir ausspähend, in der Absicht, endlich auch mich über ihre Entscheidung zu informieren? Hatte sie den Dichter, den irischen, bereits abgefertigt, bevor ich auf die Taxirampe aufgefahren war? Woran sollte ich erkennen, dass sie mich würde sprechen wollen, wenn sie erneut vor ihre Hotelküche treten würde? Aber ich konnte mich beruhigen, die fünfzehn Meter Distanz waren schnell zu überwinden, wenn mir der Augenblick gekommen zu sein schien. Auf keinen Fall allerdings durfte sie merken, dass ich aus diesem Taxi kam und sie schon wer weiß wie lange überwacht hatte. »Kennen Sie diese Köchin? Die hat was. Aber mit diesem Kerl hat sie ja wohl offensichtlich nichts. Da brauchen Sie sich keine Sorgen machen.« Diese Gewissheit hatte ich nicht, mit der die Stimme hinter mir sich aufputzte, ich war nicht sicher, dass die beiden nichts vereinbart hatten. Zu spät blickte ich in den Rückspiegel, hätte gern gesehen, ob sie bei diesem Kommentar spitz gelächelt hatte. Aber konnte jemand mit so einem ovalen Gesicht überhaupt spitz blicken, vielleicht hatte sie ihre Stimme spitz klingen lassen, gereizt. Aber dazu hatte ich nicht scharf genug hingehört, um den Tonfall wirklich mitzubekommen.

Ich hatte keine Idee, warum diese ungerufene Passagierin sich für mich zu interessieren schien. Für alle Fälle wollte ich ihr demonstrieren, dass ich mich nicht ausgeliefert fühlte, sondern in alles eingeweiht war. »Oja, diese Frau ist nicht ohne!« Mit diesem Urteil gab ich mich souverän, hatte mich aber ohne Not ins Gespräch locken lassen, da konnte ich nun auch sie zu einem Geständnis auffordern: »Woran sehen Sie denn, dass die dem Marokkaner eine Abfuhr erteilt hat? Die beiden waren doch kaum zu beoachten. Gemeinsam, meine ich.«

Zu großspurig war mir die Fremde, außerdem zog ich meine Dinge gern alleine durch, mochte Rat nicht, mochte nicht, dass man mir über die Schulter sah, mochte überhaupt nicht, dass man mich auch noch zu trösten versuchte.

»Ich sehe sowas. Eine Frau sieht das einer Frau an. Die Frau könnte mir gefallen.« Obwohl ich eigentlich nach vorne durch die Frontscheibe in die Hotelküche hätte schauen sollen, wo meine Gönnerin längst hätte wieder auftauchen müssen, ließ ich jetzt die zurückgezogene Gestalt und das Gesicht der Fremden im Rückspiegel nicht mehr aus den Augen. Gesicht einer Frau, aus dem aber immer noch das Mädchen guckte, ein in diesem verregneten Dämmerlicht wenig strahlendes, aber doch sehr entschiedenes Gesicht. Immer wieder den Scheibenwischer in Gang setzen zu seinem Wisch-Wasch, unangenehm schlierend quietschig das Scheibenwischergummi über die Frontscheibe einen Viertelkreis ziehen lassend, gegen den Dauerregen, der mir die Sicht nach vorne in lauter Wasserflecken auflöste. Aus dem Rückspiegel konnte sich niemand verflüchtigen, die fremde Frau in meinem Taxi hatte ich jetzt leider fester im Blick als meine Gönnerin, die an diesem Tag noch über mich entscheiden wollte. Oder schon entschieden hatte?

»Wenn Sie als Frau alles über Frauen wissen, dann wissen Sie sicher auch, ob es sein kann, dass eine Frau neun Monate lang nichts von ihrer Schwangerschaft merkt, nichts, rein gar nichts?« Mit dieser Frage kam ich wieder in die Offensive, das fühlte ich. Ich merkte es daran, wie sie doch tiefer in den Rücksitz rutschte. Aber sie war nicht der Typ, der eine Antwort schuldig blieb. Mit einer Offenheit, die mich wehrlos machte, behauptete sie, begründet auf eigener Erfahrung – keine eigenen Kinder, aber Abtreibung –, dass keine Frau ohne Empfindung bleiben könne für das Heranwachsen eines blinden Passagieres unter ihrem Herzen. Sie sagte tatsächlich »Herzen«, was mich wunderte. »Spätestens, wenn die Kleinen Fußball spielen und so lange durch die Bauchdecke treten, bis man ihre Zehen zurückdrückt, weiß jede Schwangere, was die Stunde geschlagen hat, auch ohne Frosch-Kröten-Test.«

Nun hatte ich sie in meiner Falle, von der sie nichts ahnte. Nun hatte ich den Beweis, dass die blinde Passagierin in meinem Taxi nicht so allwissend war, wie sie sich gab. Auch der Blick nach vorne zeigte mir, dass ich gelassen bleiben durfte. Meine Gönnerin hatte sich wieder dienstfertig angezogen, arbeitete vom Küchenlicht voll ausgeleuchtet mit Geduld an einer offensichtlich aus vielen Ingredienzien entstehenden Suppe, so dass ich ohne etwas zu verpassen meinen unerwünschten Fahrgast im Rückspiegel in aller Ruhe mustern konnte.

»Ich beobachte dort in der Hotelküche gerade so eine Frau, die vor nicht einmal einem Monat von der Geburt ihres ersten Kindes total überrumpelt worden ist.« Das saß. Ich konnte einen Schritt weitergehen. »Und wen beobachten Sie?«

»Ich bezahle Ihr Taxi. Das sollte Ihnen reichen.« Sie nahm meine Offerte nicht an, etwas über sich rauszulassen. »Was Sie mir gerade über diese Köchin erzählt haben, hört sich doch schwer nach Kintopp an, das können Sie nur aus einem Film haben. Haben Sie einen Lieblingsfilm?«

Ich wollte mich nicht beleidigen lassen, nicht von dieser Frau, die wohl eher noch wie ein Mädchen wirkte. Kein Problem für mich, wenn sie die Karten nicht aufdecken wollte. Ich konnte aufgrund meiner Blicke in den Rückspiegel eigene Überlegungen anstellen. Ihre Augen waren mitgegangen, als ein etwas bauchiger Herr mit buschigen schwarzen Augenbrauen unter eher schütterem Haar aus seiner Wartehaltung im Bistrosessel aufgestanden war und sich in abwägenden, keinesfalls flotten Schritten auf einen Hotelpagen zubewegt hatte, der einen Mantel zum Einschlüpfen bereit hielt und wohl darüber informiert worden war, dass dieser Herr das Bistro zu verlassen beabsichtige.

»Sie sollten den Motor schon einmal anlassen!«, meinte sie, mir befehlen zu müssen, ohne ihren Blick in meine Richtung zu bewegen. »'Lohn der Angst' mit Peter von Eyck und Yves Montand«, gab ich ihr meinen absoluten Lieblingsfilm preis, wollte sie dadurch von ihrem Startbefehl ablenken und setzte noch einen weiteren Film obendrauf.

»Oder auch 'Plötzlich im letzten Sommer' mit der unvergleichlich schönen Elizabeth Taylor.« Sie ließ sich nicht anmerken, wie mein Lob einer fremden Schönen bei ihr angekommen war, beeilte sich aber festzustellen, dass ihr der Film wohl vertraut sei. Ich hätte gern im Rückspiegel ihr Gesicht gesehen, wenn ich sie gefragt hätte, was sie gefühlt hatte, als der Cousin unter den Blicken der gaffenden einheimischen Jungen, Jugendlichen, Männer und sogar Greise seine Cousine, obwohl die sich heftig sträubte und wehrte, einzig bekleidet mit diesem weißen Badeanzug ins bodenklare Wasser der Costa Brava hineinstieß, immer weiter vom Ufer weg ins tiefere Wasser trieb, wegen eines Badeanzuges, von dem die Taylor wusste, dass er im Wasser ungehörig durchsichtig werden würde. Alleingelassen und ungeschützt, sich unter dem transparent gespülten Badeanzug entblößt und unerträglich nackt fühlend, musste die Taylor zurück ans Ufer fliehen, immer näher und immer größer werdend in die gnadenlos verzehrenden Blicke der Zuschauer hinein. Ich hätte gern beobachtet, welches Gesicht die Frau im Fond meines

Taxis aufgesetzt haben würde, wenn ich sie nach ihrem Blick auf die entblößte Taylor ausgehorcht hätte. Aber sie hatte diesen Film schon abgehakt. Keine Chance, über die unvergleichlich schöne Taylor zu reden mit der blinden Passagierin, die, soweit ich sehen konnte, selbst keineswegs unhübsch war.

»Nein, das glaube ich nicht, ausgerechnet ʹLohn der Angstʹ. Neunzehnhundertdreiundfünfzig. Haben Sie einen Satz aus dem Film in Erinnerung?«

»Ein Kinderspiel für mich. Für mich gab es immer nur einen Satz: ʹUniform macht sich gut, wenn man ins Gras beißt.ʹ«

Ihre Begeisterung wuchs, ohne dass ich auch nur ahnen konnte, warum. »Der Himmel schickt Sie mir. ʹLohn der Angstʹ! Aber jetzt starten Sie doch auch endlich. Sie Himmelsbote.«

Ich hatte nicht vor, das Gespräch mit der Mutter meines kleinen Sohnes für diese Unbekannte zu verpassen. Schlimm genug, dass ich in diesem Augenblick, auf meinen Fahrersitz fixiert, mit ansehen musste, dass der Zweite Portier, der, wie ich wusste, eine maßgebliche Rolle bei den Geschehnissen im Personalbereich spielte, in die Küche eingetreten seine rechte Hand überlange auf dem selbst unter der Dienstkleidung straff ausgewölbten Hintern meiner Gönnerin ruhen ließ, während er redend auf sie eindrang. Leider konnte ich nicht – meine blinde Passagierin forderte erneut und dringlicher, ich solle den Motor anlassen, obwohl der Mann im Mantel immer noch regungslos an der selben Stelle im Bistro nah zur Eingangstür verharrte –, ich konnte leider nicht in die Hotelküche stürmen, wie ich es unter normalen Umständen gemacht haben würde und Handkante oder auch Springmesser, ich hätte es dem Portier schon ausgetrieben, ob Erstem oder Zweitem Portier, darüber würde aber mit meiner Gönnerin zu sprechen sein, sobald sie mir die Gelegenheit dazu bieten würde. Immerhin hatte die Köchin inzwischen auch ohne meine Intervention die erforderliche dienstliche Distanz herstellen können. Und der Zweite Portier – warum zögerte er noch mit seinem Abgang? – sah ihr mit einem Schritt Abstand zu, während sie überlegt, gezielt und unglaublich behände einen Picknickkorb füllte, den zwei junge Hotelpagen ihr geöffnet entgegenhielten. Champagner war offensichtlich bereits an der Bar eingelagert worden. Meine Marianne füllte den Korb immer weiter mit den unterschiedlichsten Häppchen und Schenkelchen von großen Fröschen und kleinen Hähnchen aus dem kalten Büfett, warf erneut ihre Hygienehaube und Schürze ab, so dass ich hoffen konnte, dass, wenn sie in wenigen Sekunden diesen Sonderauftrag zur Zufriedenheit der Hotelaufsicht erledigt haben würde, es ihr möglich sein müsste vor die Hotelküchentüre zu treten, um mir im bereits nachlassenden Regen mein Gespräch zu gewähren und mich endlich in ihre Entscheidung einzuweihen. Erst während dieser Überlegung und weil die Fremde aus dem Fond heftiger jetzt drängte, ich solle endlich den Motor anlassen, merkte ich, dass ich wegen dieser Frau in meinem Rücken überhaupt noch keinen klaren Gedanken hatte fassen können und die wirklich dringliche Vorentscheidung noch nicht getroffen hatte, ob ich überhaupt Vater werden wollte oder eher mich auf Abwehr einstellen sollte. Auf jeden Fall aber wollte ich das Ansinnen abwehren der Frau auf dem Rücksitz meines Taxis, die mir inzwischen einen 100 Franc Schein, nicht alte, nein Neue Franc, einen Riesen, über die linke Schulter hatte flattern lassen: »Hier ist schon mal die Anzahlung, ich werde nicht kleinlich sein, aber lassen Sie um Gottes Willen endlich den Motor an, es kann jeden Augenblick losgehen!«

Ich überlegte noch, mit welchen Worten ich ihr klarmachen konnte, dass Sie auszusteigen hatte, ich nicht einen Centime von ihr wollte für die Wartezeit, dass ich kein Taxifahrer war, dass ich bis zum Hals in eigenen Problemen steckte und beim besten Willen nicht auch noch zusätzlich ihre aufschultern konnte, da verschwand meine Marianne hinter den beiden Pagen, die den inzwischen verschlossenen Picknickkorb aus der Hotelküche trugen. Noch ehe ich über die neue Lage nachdenken konnte, tauchte meine Marianne im Bistro neben dem Mann auf, der sie jetzt unter buschigen Augenbrauen vermutlich charmant musterte, der keinen Handschlag mit ihr wechselte, aber sie offensichtlich als die Frau erkannte, auf die er erst sitzend und dann nahe am Eingang stehend nun schon sehr lange gewartet hatte und deren Erscheinen den vereinbarten Abgang endlich möglich machte. Tatsächlich verstauten die Pagen bereits den Picknickkorb unmittelbar vor dem Eingangsportal in der hoteleigenen Edelkarosse unter den prüfenden Augen des Mannes, den meine blinde Passagierin die ganze Zeit nicht aus den Augen gelassen hatte. Meine Marianne, niemanden vermissend und sich überhaupt nicht suchend nach mir umsehend, stieg, wie angewiesen, auf den Beifahrersitz neben den Fahrer des Hotels. Der Mann

ließ sich eher überdehnt langsam in den Fond der selbst im Dauer-
regen glänzend poliert wirkenden pechschwarzen Limousine hin-
einhelfen, und es bedurfte keiner weiteren Anweisung mehr, dass
ich den Motor startete und die Verfolgung meiner Marianne auf-
nahm, was die Frau leider sogleich durchschaute. »Und – teilen wir
uns die Kosten dieser Verfolgungsfahrt?«, fragte sie in erkennbar
spöttischer Absicht. Ich verspürte, keineswegs unangenehm be-
rührt, ihre Wärme und ihren Atem, sie war aus dem Hintergrund
auf die Vorderkante des Sitzes gerutscht, hatte sich nun dicht hinter
mich geschoben und versuchte, auf die Vorderlehnen aufgestützt,
den Wagen vor uns um so sicherer im Blick zu halten. Zu unserem
Glück verlor sich der Regen endlich soweit, dass der Scheibenwi-
scher nur noch ab und zu angestellt werden musste.

»War nur ein Spaß. Keine Angst. Ich zahle für alles. Kann ich Ihnen
bei der Verfolgung irgendwie nützlich sein?« Ihr Mund war so nah
an meinem Ohr, dass ich beinahe glaubte, ihre Stimme in mir selbst
zu hören.

Hilfe von ihr wollte ich durchaus nutzen. Forderte sie auf, mir das
Ziel des Herrn zu verraten, damit ich, sollte ich von dem Wagen
vor uns abgedrängt werden, seine weitere Bewegung durch Paris
würde besser einschätzen und voraussehen können. Sie reagierte al-
lerdings wie zu erwarten wenig hilfreich. Sie könne mir nur sagen,
welches Ziel sie sich für den Herrn wünsche, wisse aber selber nicht,
welches er habe.

»Und Sie wünschen?«

»Ich wünsche mir, dass er schnurstracks zur Place de la Concorde fährt, vor dem Crillon hält und sich von der siebenköpfigen Portiersmannschaft gemeinsam mit Ihrer Köchin, dieser üppigen, zu einem nächtlichen Picknick in die schönste Suite geleiten lässt. Soweit Vorhang auf, dann Vorhang zu hinter den beiden und Diskretion, bis sie das Frühstück auf die Suite bestellen, irgendwann, wenn die Sonne wieder über das weite Rund vor dem Hotel Crillon herrscht. Und plötzlich treten sie ins Freie.«

Ich reagierte nicht so ärgerlich, wie ich hätte sein sollen. Fragte aber, ob meine Mitfahrerin wohl die Tochter dieses älteren Herrn sei und trotzdem kein bisschen eifersüchtig? Da ließ sie sich auf ihren Sitz nach hinten zurückfallen, besetzte dadurch wieder GROSS meinen Rückspiegel und tauchte ihn in ein Lachen, das von immer neuem Lachen verfolgt wurde. Das Traurige und Müde wurde aus ihrem Gesicht weggewischt; rund um ihre Lippen, die Wangen aufwärts bis ins Aufleuchten der Augen tanzten Freude und Albernheit und Ausgelassenheit von dreizehn Indianermädchen, die einen Skalpierten umtanzen und sich und ihre Leiber vor Überlegenheit und Befreiung nicht zu halten wissen. Ein schöner Anblick, leider nicht voll zu genießen, weil ich die Rücklichter vor mir nicht einen Wimpernschlag aus den Augen lassen durfte.

»Was ist da so zum Lachen?«
Der Mann ist mein Hoffnungsträger, seit Monaten mein Ein und Alles, was man von Vätern ja wohl nur selten sagen kann.

Ich fasste es nicht, sie, dieses Mädchen, Geliebte eines so abgespannt wirkenden Mannes, Geliebte eines Mannes in den Fünfzigern? Aber auch diesen Verdacht negierte sie, nannte mir stattdessen ihre zweite Hoffnung, von der sie wisse, dass die mich weniger kränken würde als die erstgenannte.

Wenn Sie meinen wirklichen Wunsch wissen wollen.

»Ich möchte, dass er ohne jeden Umweg in den grauschwarzen Basalt von Salers fährt und dann gleich weiter zum Viaduc du Garabit und dann mitten in den Filmset unten an der Truyère.«

Ich schüttelte nur den Kopf. Denn das waren bestimmt um die 500 bis 600 Kilometer weg von Paris, wenn ich nicht irrte. Wünschen Sie nicht ein bisschen zu exzentrisch?

Quatsch, ich will nur arbeiten, arbeiten, arbeiten, normal arbeiten. Und dazu bin ich darauf angewiesen, dass auch er seine Arbeit wieder aufnimmt. Er hat das Renommée, auf das ich in meiner derzeitigen Lage angewiesen bin, dringend angewiesen bin. Er wollte mich durch die Hölle führen, und wir waren dicht dran, es lief alles so gut, er Diktator, aber zielgerichtet und punktgenau, ich fügsam und kriegerisch, je nachdem, aber ebenso zielgenau wie er, doch dann sein Herzinfarkt. Und deshalb möchte ich, dass er genau dahin fährt, wo wir aufgehört haben, und dann springe ich aus diesem Taxi und rufe: »Hallo, Clouzot, ich bin da, lass uns sofort da anfangen, wo wir aufgehört haben!«

»Und – muss ich diesen Clouzot kennen? Wenn er mit Ihnen durch die Hölle wollte, sind Sie ja wohl eher ein gefallener Engel. Da können wir ja kaum zusammen passen, ich als Himmelsbote.«

Sie ließ sich auf meinen Scherz nicht ein. Mit irgendwas hatte ich wieder falsch gelegen. Ihre Stimme nur noch Verachtung für mich.

»Und Sie wollen mir weismachen, Ihren Lieblingsfilm zu kennen?« Sie schien zu unterstellen, dass diese in uneingeschränkter Verachtung mir vorgeworfene Frage reichen musste zu meiner Belehrung. Natürlich kannte ich meinen Lieblingsfilm, ich hatte ihn ihr ja sogar genannt. Und jetzt ließ sie mich mit der Frage alleine, was ich hätte wissen sollen, aber wohl offensichtlich verpatzt hatte, ohne es ahnen zu können. Himmelsboten habe ich mir klüger vorgestellt, wissender.

Damit war für sie das Thema beendet, sogar die Unterhaltung.

Fairerweise ließ sie mich aber nicht alleine bei der Verfolgungsjagd, lehnte sich auf den Vordersitzlehnen erneut so weit nach vorne wie irgend möglich.

Was Touristen, die sich mit dem eigenen Wagen ihren Weg durch Paris suchen, manchmal in ein Chaos zu verstricken scheint, ist richtig betrachtet das allerleichteste Autofahren aufgrund einer wunderbar rationalen Grundordnung. Autofahren ist in Paris leichter als irgend sonst, weil sich alle Pariser an eine einfache Regel halten. Der unmittelbar folgende Wagen ist dafür verantwortlich, dass nichts passiert, dass immer eine Handbreit Abstand zwischen zwei Autos bleibt. Keine Machtkämpfe beim Autofahren.

Bei der Umrundung des Arc de Triomphe verlor sich das Nobel-
fahrzeug des Hotels in den unüberschaubar vielen Parallelspuren,
die vielleicht von der Höhe des Arc de Triomphe erkennbar sind,
nicht aber, wenn man selber im Wagen zwischen all den kreisenden
Autos in gleitender Bewegung ist, unablässig zu entscheiden hat, ob
man eher in die Tiefe dieser Strudelbewegung abtauchen möchte
oder aber wieder hinausgespült werden will in die Gradlinigkeiten
der Avenue Victor Hugo oder Kléber oder Avenue d`Iéna oder o-
der. Es war ihr nicht entgangen, dass ohne irgendein Verschulden
von mir das Auto mit meiner Marianne und ihrem Ich-weiß-nicht-
Wer davongeschwommen, abgetrieben, verschluckt, untergetaucht
war im Strudel um den Arc de Triomphe. Sie schimpfte nicht, flehte
eher »Tun Sie was! Um Gottes Willen, tun Sie doch was!« Dabei
tat ich ständig etwas, nämlich nicht auffahren, wechseln zwischen
Gas- und Bremspedal, schalten selten, suchen, aber immer den
Nahblick auf den Wagen vor mir halten, nicht mehr in Rück- und
Seitenspiegel blicken, ich tat, so viel ich gleichzeitig vermochte
zwischen all den Autos, die nie standen, aber mit der geringstmög-
lichen Distanz zu einander immer neue Abwege oder Innenkurven
einschlugen. Für mich hatte ich das Hotelauto abgeschrieben, wo
suchen, wie finden? Irgendwie aber hatte ich innerlich den Kontakt
wohl doch nicht ganz verloren, hatte den richtigen Riecher, dass es
hinaus gehen würde aus Paris an die Peripherie und das hieß für
mich einzubiegen auf die Avenue de la Grande Armée – wohin
sonst? –, den Arc de Triomphe auf seinen zwei Beinen in Paris zu-
rückzulassen und Richtung Seine das Freie zu suchen. Verunsichert

und abgehängt fühlte ich mich aber lange noch, selbst auf der Avenue de Neuilly. »In Filmen, da verlieren die den verfolgten Wagen nie aus dem Blick, aber wir hier in der Wirklichkeit, Sie sehen, wie verdammt schwer es ist, überhaupt zu erkennen, ob der Wagen vor einem der sein könnte, den man sucht.« Dass sie erstaunlicherweise so wenig ungehalten war über den verlorenen Kontakt, meinte ich nutzen zu können, eine gewisse Übereinstimmung zu erreichen. Doch erneut nahm sie mein Verständigungsangebot nicht an. »Reden Sie keinen Unsinn. Im Film passiert die Wirklichkeit. Sie träumen zuviel. Und das mitten im Straßenverkehr. Finden Sie endlich den verdammten Wagen. Wir müssen ihn finden, schnell finden.« Zum Glück hörte ich nicht auf meine Verunsicherungen, bog nicht zurück stadteinwärts, nahm die Ausfahrt nach Saint-Germain-en-Laye, es war sie, die, noch ehe ich den Wagen in den Blick bekam, vor mir in größerer Entfernung die auffällige schwarze Hotellimousine entdeckte, kaum dass ich mich in die Avenue de Colmar eingefädelt hatte.

»Wir haben sie, wir haben sie!« Diesen Satz begleitete sie mit einem leichten fast Streicheln meiner Schulter, eine Berührung, die ich als allererste Zärtlichkeit genoss. Konnte ich vielleicht doch ihr Himmelsbote werden? Wichtiger aber erschien mir, dass ich gegen alle Erwartungen erfahren würde, was es mit meiner Marianne und diesem Kerl auf sich hatte. Ich begann mir Sorgen zu machen, wie lange mein Sprit noch reichen würde, denn mein Freund Jean-Pierre hatte mit Absicht nicht aufgetankt. Es gab zwei Probleme, ich hatte kein eigenes Bargeld fürs Tanken, allerdings irgendwo zwischen meinen Füßen ihren niedergetrudelten Hunderter, vor allem aber durfte ich ja gar nicht tanken, wollten wir nicht erneut den Wagen verlieren, den wir zu verfolgen versuchten. Von diesen Gedanken gequält, die meiner Mitfahrerin unbekannt blieben, genoss ich weniger die bezaubernde Lage von St-Germain-en-Laye, das uns nun schon für zwanzig Kilometer Sprit geraubt hatte, und auch nicht den eindrucksvollen Schlossbau nahe am Bahnhofsplatz, an dem die Hotellimousine zum Glück nicht hielt. Was, wenn wir auch noch auf die Schiene hätten umsteigen müssen bei unserer Verfolgungsjagd?

Die endete unerwartet und abrupt, als der Wagen den Ort hinter sich gelassen hatte und an einer abgelegenen Wieseneinsamkeit in eine Allee einbog, die auf eine Villa oder ein kleines Schloss zuführte. Das Parkgelände umlaufen von einer Mauer, grobgefügte Sandsteinblöcke, einstmals weißgelb, jetzt vermoost grün-grauschwärzlich. Dem Wagen zu folgen war nicht möglich, denn gleich hinter ihm wurde ein zweiflügliges Riesentor aus schmiedeeisernen Stäben von livrierten Hausdienern zugeschoben und verriegelt. Die hatten offenkundig die Ankunft der Hotellimousine erwartet.

Ich hatte kein Problem, gegenüber der Ausfahrt auf einem Parkstreifen mit der Frontscheibe Richtung Villa rückwärts einzuparken. Ich schaltete die Schweinwerfer aus, stellte den Motor ab und zog die Handbremse an. Wir hatten wie schon beim Hotel erneut einen Blick auf die Personen, um die es uns ging, allerdings in einer

Ferne, die sie zum Verdunkeln brachte, dreißig bis vierzig Meter von uns vor einer ausgeleuchteten Villa aussteigend. Das wenige Licht bei dem Gebäude brachte uns aber kaum Klarheit, denn unsere Augen verloren sich zunächst in der nicht ausgeleuchteten Allee in unbestimmtem Dunkel.

»Was nun?«

Diese Frage konnte ich meiner Mitfahrerin nicht beantworten, für einen Moment wollte ich auch gar nicht, weil ich sauer auf sie war, dass sie mich von meiner Marianne und dem für mich so wichtigen Gespräch abgehalten hatte, bis mir bewusst wurde, dass meine Marianne wohl so oder so mit dem Picknickkorb und diesem älteren Mann das Hotel verlassen hätte. Es dauerte allerdings eine Weile, bis mir dieser Gedanke einleuchtete, der für die junge Frau hinter mir entlastend wirkte.

»Wollen Sie zu mir nach vorne, da sehen Sie vielleicht mehr?« Nein, das wollte sie nicht. Mir war das auch lieber, dass sie hinter mir im Rückspiegel blieb, sehr sehr nah, mit ihrem Atemstrom an meinem Ohr und über meine rechte Wange hinweg, aber ohne, dass ihr dies überhaupt bewusst wurde. In der Frontscheibe war nun nichts mehr zu sehen, lediglich, dass alles, was passierte, sich vermutlich im Inneren abspielte, in der Villa oder im Schloss. Ich hatte Warten gelernt und zweifelte nicht daran, dass zumindest der Hotelwagen mit meiner Marianne würde wieder herauskommen müssen aus der Abgeschlossenheit. Das Warten erwies sich allerdings als endlos, die Bewegung der Uhr schien aufgehoben und jede Sekunde überdehnt.

»Wenn wir sowieso nichts tun können, dann machen wir ein Spielchen. Beruferaten. Machen Sie mit?« Ehe ich nein sagen konnte, forderte sie mich ganz dringlich auf, während das Spiel lief nur ja nichts über meinen Hauptberuf zu verraten, sondern Schritt für Schritt ihren Anweisungen zu folgen, sonst würde ich alles verderben.

Sie schien ein Freund von Zetteln zu sein, drückte mir ein unordentlich abgerissenes halbiertes Blatt in die Hand, nahm das andere, stellte fest, dass wir einen Bleistift hatten, leider einen nur, und wir diesen eben redlich nacheinander würden benutzen müssen. Auf jedes Blatt hatte sie schon geschrieben:

1. Frage:

2. Frage:

usw.

Vier Fragen ordentlich untereinander.

Ich versuchte, die Stufen zum Eingangsportal der Villa im Auge zu halten, konnte aber nicht vermeiden, dass meine Blicke ins Schwimmen gerieten, ließ meine Komplizin hinter mir das Spiel mit uns organisieren und bemühte mich wie auf Leben und Tod, einen klaren Blick zu gewinnen, als müsste ich immer noch, in Reisfeld und Dschungel positioniert, auf einen Feind zielen, der allein schon um des eigenen Überlebens willen getroffen werden musste, auf Anhieb tödlich.

»Die erste Frage – bitte ehrlich antworten – lautet: ´Wofür musst du in deinem Beruf die meiste Zeit aufwenden?`

Ich habe meine Antwort auf meinen Zettel geschrieben. Jetzt müssen Sie dasselbe tun. Hier nehmen Sie meinen Bleistift!«

Ich hakte nach, für welchen meiner Berufe ich wohl antworten sollte, ich hätte ja nicht nur einen gehabt.
»Nehmen Sie den, der Sie am meisten geformt hat.« Sie ließ mich schreiben, nahm, ohne auf mein Blatt zu spinzen, den Bleistift zurück und diktierte die zweite Frage.

»Welche Grundhaltung wird von dir in deinem Beruf erwartet?«
Sie zog die Sache wenig ernst durch, ich aber musste auf der Lauer liegen, hatte keine Zeit mich von ihren Späßchen ablenken zu lassen.

»Was musst du machen, um deine Berufskompetenz zu steigern?«

Zu meiner Erleichterung kündigte sich mit ihrer vierten Frage endlich das Ende dieses albernen Spielchens an.
»Mit welchen Worten werden wichtige Arbeitsprozesse in deinem Beruf abgeschlossen?«

Vor der Villa bewegte sich nichts, nur das Hingucken wurde schwieriger, unmerklich , die Dunkelheit der Allee tiefer und tiefer. Hinter dem Licht der Hausfassade verlor sich zunehmend die Villa. Ließ einfach nur ihren Lichtschein in der Nacht stehen und hatte sich vielleicht längst schon mit den von uns verfolgten Personen wer weiß wohin auf und davon gemacht. Stand hielt allein im Streulicht des Gebäudes die schwarze Hotellimousine, die in Distanz zur Eingangstreppe Position bezogen hatte.

»Jetzt kommt die Überraschung, wir tauschen unsere Zettel und dann hat jeder drei Fragen, um den Beruf des Anderen zu erraten. Einverstanden? Nur nichts zu früh verraten.«

Ohne meine Zustimmung auch nur abzuwarten, hatte sie mir schon den Zettel aus der Hand gerissen, ihren in meinen Schoß segeln lassen. Mehr aus Höflichkeit warf ich einen Blick auf das abgerissene Blatt, ohne den Blick nach vorne zu vernachlässigen.

War dann aber doch von dem, was ich las, unerwartet neugierig gemacht, wurde aber leider in meinem Erstaunen von ihrer Überraschung überrumpelt, noch ehe ich mich äußern konnte.

»Wir müssen ja denselben Beruf haben, wir haben ja alle Fragen total gleich beantwortet. Ja, gibt es denn so was! An wen bin ich da nur geraten?«

Als verriete sie ein lange gehütetes Geheimnis, trug sie etwas überlaut vor, was ich selber gelesen und schwarz auf weiß vor mir hatte:

1. Frage: WARTEN AUF DEN NÄCHSTEN EINSATZ

2. Frage: UNBEDINGTER GEHORSAM

3. Frage: WIEDERHOLEN UND EINSCHLEIFEN

Bevor sie die Antwort auf die 4. Frage vortragen konnte, nutze ich, ihr das Wort abschneidend, meine Chance, ihre Harmoniesucht zu stören. »Aber bei der 4. Frage gibt es eine Differenz zwischen uns.«

Die hielt sie jedoch für unerheblich: »Ob GEFALLEN oder GE-STORBEN. Das ist doch wohl ziemlich dasselbe.«

Sie forderte mich noch einmal eindringlich auf, mich unter keinen Umständen als Spielverderber zu profilieren, auf keinen Fall schon irgendwie selbst meinen Beruf zu benennen, denn jetzt sollte ja erst das eigentliche Raten beginnen. Ich wies darauf hin, dass wir nun schon über eine Stunde warteten und dass vorrangig sei, herauszubekommen, wie diese Verfolgung denn erfolgreich zu einem Ende gebracht werden könnte.

Zu meinem Erstaunen wehrte sie meine Forderung nicht ab, wollte aber zunächst das Ratespiel abschließen. Am Ende war sie stärker überrascht als ich, dass wir, obwohl wir doch gleich geantwortet hatten, unsere Berufe mit immerhin drei Fragen nicht ermittelt bekamen. Ich war ohnehin fest entschlossen, ihr nicht zu glauben, egal, welchen Beruf sie mir hätte weismachen wollen. Vielleicht hatte sie ihre Antworten ja irgendwie von meinem Zettel abgelesen, die Gemeinsamkeit vortäuschend? Eine Falschspielerin? Aber mit welchem Ziel?

Endlich war sie bereit, unser eigentliches Vorhaben voranzutreiben, sie stieg aus, überquerte die Straße und untersuchte das geschmiedete Portal, rüttelte daran, leuchtete die frisch sandgestrahlten Halterungspfosten ab, indem sie Streichholz für Streichholz ein ganzes

Päckchen am Sandstein in Flammen rieb. Ich vermutete, dass sie eine Klingel betätigen würde, um sich genauere Auskünfte einzuholen, aber da kam sie schon zurück, eilte über die Fahrbahn. »Meine Hoffnungen dahin. Wissen Sie, was das ist? Eine Heilklinik für Herz- und Kreislauferkrankungen. Der Mann, den ich wieder gesund und lebendig sehen wollte, sitzt hier ein. Er wird für sich und eine Gruppe Leidensgenossen ein Nachtpicknick besorgt haben, und Ihre Hotelköchin muss höchstwahrscheinlich die Suppe aufwärmen. Das also ist das Ende vom Lied. Das also ist mein trauriges Ende. Das war's! Verstehen Sie immer noch nicht, wer das war? In dieser Klinik stirbt der Regisseur Ihres Lieblingsfilms 'Lohn der Angst'. Er wollte mit mir den Film 'L'enfer - Hölle' drehen und mich unsterblich machen in Frankreich. Jetzt ist er selber höllisch krank. Au diable L'enfer, quelle putain de merde!!! Welch ein Elend, welch ein Schmerz.«

Ich verstand jetzt auf einen Schlag, warum die Erkrankung dieses älteren Mannes ihr Ende sein sollte. Ich hatte aber keine Lust, nachzufragen, denn sie schien sich nicht im Geringsten darüber zu bekümmern, dass ich nicht zu meinem Gespräch kam, zu meinem Gespräch mit Marianne. Immerhin hatte ich jetzt, wenn ich mich nur hinreichend konzentrierte, Zeit, mir auszudenken, was ich eigentlich wollte von Marianne. Ich musste nur den lästigen Dialog mit meiner blinden Passagierin beenden. Zu meinem Glück fiel mir plötzlich ein, wie ich sie dreifach verärgern konnte, ich würde ihr jetzt ohne jede Vorwarnung die Berufsrätselei auflösen, mich für ihren Beruf nicht interessieren und vor allem ihr ins Gesicht sagen, dass ich im Hauptberuf Fremdenlegionär gewesen war. Dann würde sie endlich einen Schlussstrich ziehen, ich konnte zurück nach Paris, zurück zu Jean-Claude, ihm sein Taxi auf den Hof stellen. Verfluchen würde er mich ohnehin schon jetzt wegen der Verspätung, aber ich wollte, ihn milde zu stimmen, von dem Hunderter einige Packungen Gitanes für ihn kaufen und eine Flasche Bordeaux obendrein auf seinen Schreibtisch stellen, damit konnte ich ihn überraschen und friedlich stimmen. Ich versuchte, meine Sprache distanziert, ironisch vornehm klingen zu lassen.

»Madame, ich habe durchaus ein gewisses Verständnis, dass Ihre Lage schwierig ist, aber ich möchte Ihnen jetzt etwas verraten, was ich Ihnen lange schon hätte beichten müssen und was Sie dazu bringen wird, einen Schnitt zu machen. Ich bin kein Taxifahrer, ich war noch nie Taxifahrer. Sie waren unfähig, meinen Beruf zu erraten, obwohl der auf der Hand liegt. Mein Lieblingssatz aus ´Lohn der Angst` ist, wie ich Ihnen vor dem Hotel verraten habe, ´Uniform macht sich gut, wenn man ins Gras beißt.` Ihren unverschämten Verdacht, ich kenne meinen eigenen Lieblingsfilm nicht, kann ich locker widerlegen.« Durch eine barsche Steigerung meiner Lautstärke unterband ich ihren Versuch, sich schon wieder in meine Rede zu mischen. »Bitte hören Sie mir jetzt nur ein Mal zu, ohne mich zu unterbrechen. Ich habe den Film gesehen, nie allein, immer mit meinen Kameraden, erst in der Grundausbildung, in Sidi-Bel-Abbes, in Maskara, in Meknes, öfter noch in den Nächten vor dem nächsten Einsatz beim Warten in Annam. Ja selbst in Diên Biên Phû haben wir ihn gesehen bis tief in die Nacht, und gerade dort beendeten die meisten meiner Kameraden ihren Arbeitseinsatz damit, dass von ihnen gesagt und geschrieben wurde: 'gefallen'. Sie können mir glauben, wenn ich etwas kenne, dann kenne ich diesen Film, bei dem alle sterben, selbst Yves Montand, der das Leben im Griff hat. Gefallen bin ich nicht, aber vielleicht noch heftiger gestorben als meine Filmhelden. Madame, Sie sitzen im Auto eines Fremdenlegionärs.«

Mich sehr überlegen fühlend, sah ich schon vorweg, ohne überhaupt in den Rückspiegel gucken zu müssen, mit welchem unkontrollierten spontanen Ekel die Frau, die ja eher nach ungelebtem Mädchen, eher nach Mademoiselle als nach Madame aussah, auf mein Geständnis würde reagieren müssen. Offen war für mich lediglich, ob Sie hinausstürzen würde aus meinem Taxi, in der Villa Schutz zu suchen und ein ordentliches Taxi für die Rückfahrt anzufordern, oder ob sie mich anweisen würde, sie unverzüglich zurückzubringen zur Gare du Nord beispielsweise oder wohin auch immer in Paris, begleitet von der strikten Aufforderung an mich, während der Fahrt jede weitere Kontaktaufnahme zu unterlassen. Man riecht einfach, wenn Menschen so feingewickelt sind, dass sie mit einem Legionär nicht einmal die Fahrt im Lift teilen mögen. Sie aber schien mich anders gehört zu haben, als ich gewollt hatte. »Wenn Sie bereits gestorben sind, dann haben wir schon wieder etwas, was uns verbindet.« Sie hob eine Hand und zeigte sehr demonstrativ die darunter quer verlaufende Narbe, gerötet.

Ich nahm ihr das zwar nicht ab, ließ ihr aber das Dicketun durchgehen, jedenfalls vorläufig.

»Aber weit toller finde ich, dass ausgerechnet Sie Legionär sind. Wie hätte ich das ahnen können, als ich vor diesem Hotel in Ihr Taxi stieg? Was für ein Glück ich doch hatte. Dabei dachte ich eben noch, einer der schlimmen Tage hätte mich mal wieder erwischt. Sie sind Legionär! Und Sie leben sogar noch? Wann waren Sie bei der Fremdenlegion?«

Als ich die Jahre 1952 bis 1956 nannte, wusste sie sich kaum noch zu halten vor Neugierde. »Und Sie waren in Indochina, in Vietnam wie mein Alain?«

Das hatte ich ihr, hätte sie genau zugehört, ja wohl schon vorgetragen.

»Dann sind Sie mein Mann. Sie müssen mir alles erzählen. Unbedingt. Alles aus der Legion meine ich. Aber nicht hier, nur nicht hier. Irgendwo, wo wir wirklich vollkommen ungestört sind. Sie müssen mir alles erzählen. Wenn Sie nur wüssten! Der Himmel schickt Sie. Gerade jetzt. Wir müssen hier weg. Wir müssen ins Freie. Das kann nur das Meer sein. Ja, fahren Sie uns in einem Rutsch ans Meer. Fahren Sie uns sofort nach« – Sie musste nicht eine Sekunde nach dem Ort suchen –»Ploumanac`h. Lassen Sie uns aus unseren Terminkalendern springen, verschwinden zwischen den rosa Felsen von Ploumanac`h. Unauffindbar. Tun Sie das für mich, bitte. Sie müssen mir alles über sich erzählen, wirklich alles über die Légion Étrangère!« Dabei küsste sie meine

Wangen so fliehend, dass ihre Lippen mich kaum berührt haben konnten, aber der Abdruck ihrer Lippen haftete, Spuren vertiefend, die ich lange nicht mehr abgetastet hatte. «Du musst mir alles erzählen, was du erlebt hast, alles«, so meine Mama in ihrem Stimmton ganz für mich da. Schöner als die nachgereichten kargen Geschenke, war die Art, wie meine Mutti mit dem wärmend Julilicht der Sommersonne meine rechte Wange sich abwärts küsste und mir das Versetzungszeugnis der Volksschule aus Brakelsiek/Lippe vom 11. Juli 1942 aus der Hand nahm, ein Zeugnis, das Frau Schrödermeier statt meiner Mutter unterschrieben hatte. Schöner als alle Geschenke vor allem, dass sie ganz Ohr für mich sein wollte. Ich war zurück in Düsseldorf, ich war zurück bei meiner Mutti. Ich wollte, dass meine Mutter nicht nur auf das »Versetzt« blickte am Ende der Zeugnisseite, sondern ganz oben beachtete, dass ich in »Führung und Haltung: sehr gut« beurteilt wurde, ich, das in Brakelsiek erfolgreich versteckte Judenbalg, oder war ich kein Judenbalg, weil ich evangelisch war und meine Mutti ja wohl auch? Ich wollte, dass ich entlohnt wurde für meine sehr gute Haltung durch die ewige Umarmung meiner Mutter. Ich über Monate weggerissen von meiner Mutter, zum eigenen Schutz, den ich aber noch kaum verstehen konnte und zu keiner Sekunde verstehen wollte, hatte nicht gebockt, sondern, wie von meiner Mutter erfleht, mich unter lauter Fremden sehr gut verhalten, also unauffällig. Für dieses »Sehr gut« wollte ich den Mund meiner Mutter auf meiner Wange spüren, für immer, nie mehr von ihr weg, nie mehr wollte ich versteckt sein, entfernt von meiner Mutter, lieber in der Gefahr, entdeckt zu werden, aber nicht mehr weg von meiner Mutter. Es tat mir so gut, dass nach über zwanzig Jahren zum ersten Mal wieder eine Frau alles von mir wissen wollte. Meiner Mutter hatte ich nicht viel erzählen können, was erlebt ein Elfjähriger schon versteckt in Brakelsiek in der Landvolksschule bei freundlichen Ersatzeltern, die aber fremd bleiben mussten in dieser kurzen Zeit zwischen Februar und Juli im Kriegsjahr zweiundvierzig. Wo war diese Zeit geblieben, war sie noch und wie denn ein Teil von mir? Aus Indochina aber gab es zu erzählen, sogar mehr, viel mehr, als ich dieser Frau würde erzählen wollen.

»Wenn Sie noch einmal meine rechte Wange berühren, tue ich alles, was Sie wollen. Obwohl der Besitzer dieses Wagens, eigentlich mein bester Freund, mich umbringen wird.« Ich versuchte durch ein Lachen den Ernst meiner Worte zu dementieren. Ich weiß nicht, wie das bei ihr angekommen war.

Ich erinnerte mich, dass das Küssen meiner Mutter an diesem Julitag, einen Monat, nachdem ich zwölf geworden war, kein Ende nahm. Meine blinde Passagierin tat es nur flüchtig, hatte mich aber gerade deshalb gewonnen, als sie gegen meine Erwartung meine Wange wirklich nicht nur mit ihrer Hand berührte, sondern zum zweiten Male innerhalb weniger Minuten küsste, so wie von einem Windhauch verweht kam sie mir nah, der Hauch ihres Atems haftete stärker als ihre Lippen.

»Ich glaube fast, Sie sind nur ein Deutscher. Rufen Sie aus dem nächsten Bistro Ihren Freund an und sagen sie ihm ganz locker, dass der Wagen soeben zu jedem Preis, den er haben will, von Romy Schneider gekauft wurde. Alle Franzosen kennen mich.« Ich verstand ihre kess gesprochenen Worte nicht wirklich, würde aber bei der nächsten Gelegenheit Jean-Pierre anrufen, um zu erkunden, ob er mir diesen Ausflug ans Meer je verzeihen würde. Dass sie vor einem Legionär nicht geflohen war, bestärkte mich in dem Verdacht, dass diese Frau mir etwas vorspielte. Plausibler fand ich dann meine Überlegung, dass sie sich selbst etwas vormachte und ich nur zufälliger Zeuge war, gegen x-beliebige Personen austauschbar. Immerhin schminken Frauen sich vor dem Spiegel, selbstverliebt, das kommende Rendez-vous mehr ein Vorwand, sich der eigenen Selbstgefälligkeit hinzugeben. Das Zuspätkommen zum vereinbarten Treff eine zu vernachlässigende Nebensächlichkeit. Ohne Überleitung sprangen meine Gedanken von all den sich zärtlich herausputzenden Spiegelbildern zu einem weit weniger anziehenden Anblick, zum viel zu lange schon wartenden Jean-Pierre und seiner Zornesfalte mitten durch die Stirn auf die buschigen Augenbrauen zu abwärts. Ich startete mein Taxi, in Gedanken Jean-Pierre in Paris hinter seinem Schreibtisch tobend zurücklassend, niemals würde er mir diesen Ausbruch mit seinem Taxi verzeihen, aber die Weite des Meeres und die zärtlichen Lockungen dieser Frau ließen mir keine Wahl – der Wagen war schon unterwegs.

Aufbruch ohne Wiederkehr?

Sonnengelb, Neidgelb, Schämgelb, Leichthingelb.

Leichtsinn, Aufbruch,

sanfte Brise Rückenwind.

Davonsegeln,

sonnensegeln, Fahrt aufnehmen

ins

Ungewisse.

In unbekannten Umarmungen erwachen

Nicht im Leben,

mit dem Phantasieren

kommt

der Schrecken

Warum gerade er? Er hatte doch nur seine Stadt verlassen wollen, für immer, warum gerade ihn hatte es erwischt? Sein Motorrad hatte er in der Garage gelassen, zu Fuß war er gegangen, obwohl schwer bepackt. Abschied für immer! Ein Auto? Ein Lastwagen? Ein Motorrad? Ein unaufmerksamer Fahrradfahrer nur? Wer wohl hatte ihn umgenietet? Nach dem Sturz, unvorhersehbar das erste Zu-sich-Kommen. Warum musste es gerade ihn treffen? Erwachen hinter verschlossenem Gesicht. Zu kurz für einen Augen-Blick.

Rückfall in die weiche Wärme der Ohnmacht. Die Wiederholung eines Gedankens. Warum gerade er? Warum war gerade er erwischt worden. Kurz nur auftauchend aus der Bewusstlosigkeit, haltlos absinkend. Wortloser Rückzug. Den Körper bewegungslos liegenlassen. Flachgestreckt ins Bett. Das leichte Schweben oberhalb. Verstecktes Kauern in undurchdringlicher Wärme. Sich zurückfallen lassen in den vom Zahnarzt so oft schon angeordneten Tod. Bei vollem Bewusstsein mit der Sprechstundenhilfe telefonisch einen

Termin absprechen. Alle anderen Termine absagen, sich Zeit nehmen. Aus den weißen Ledersesseln des Wartezimmers in ein Behandlungszimmer gerufen werden. Sich wie selbstverständlich aus dem Sessel erheben, den Körper durch zwei Türen bewegen. Den Stuhl besteigen. Rückwärts sich nach hinten ausheboln lassen, den Blick aus dem Fenster fahren lassen, die Füße fahren lassen, den Raum abstürzen lassen. Die Hände an den Haltegriffen erstarrt zurücklassen. Die dahintreibende Decke aus dem Blick verlieren. Die Augen unbewegt in ein konzentriertes Licht halten. Den eigenen Zustand im bestürzten Blick des Zahnarztes suchen. Sich unter dem warmen Atem der Zahnarzthelferin zusammenkauern. Sich vom geübten Griff der Zahnarzthelferin den Kopf in ihrer Umarmung zurechtlegen lassen. Sich in die undosierte Zärtlichkeit dienstlich gemeinter Routinegriffe flüchten.

Den Mund überdehnt geöffnet halten. Die Sanftheit der Haut einsaugen, die die Zahnarzthelferin bei ihrem dienstlichen Fingergriff hinein ins Gebiss nicht an sich halten kann.

Den berstenden Schädel in die weiche Körperwärme der Zahnarzthelferin hinüber schmuggeln, Bruchstücke wenigstens, Splitter. Den Körper unter den Händen eines routinierten Teams unbesorgt zurücklassen.

Hinterhereilen den Atembewegungen der Zahnarzthelferin, die ihrem dienstlichen Blick weit vorausgeeilt ist in den freien Abend. Sich ihre Körpertemperatur aneignen; in der wiegenden Wärme einer nie vereinbarten Begegnung den Blick verschließen; alle Erinnerung in der Vergangenheit zurücklassen, keinen Gedanken in die Zukunft richten, keine Zukunft erinnern, alle Pläne ungeöffnet in der Zukunft liegen lassen, sich zwischen dem Ein- und Ausatmen der Zahnarzthelferin einpendeln und ihrem Zugriff ergeben. Immer wieder der Rückzug in das versteckte Kauern in der Dunkelheit des kranken Zimmers, in der Atemlosigkeit schwerer Bettwärme. Versunken über dem verlassenen Körper schweben, zurückgezogen in die Leere des eigenen Phantasierens. Immer wieder das Auftauchen in die weiche Umarmung einer Frau. Den aufgeschwollenen Mund mit der Zunge austasten. Blutgeschmack, roh. Den Versuch aufzustehen abbrechen, den Körper nicht herausfordern, Rückzug der Gedanken in die Unerreichbarkeit des Bettes, das Einkauern. Die Gedanken spielen lassen. Hatte er nicht aufbrechen wollen?

Mit jedem Aufwachen neu anfangen, die Dinge zu ordnen, aber schon wieder zurückfallen lassen in die Schwäche. Die Feststellung, dass sich bei keinem Aufwachen etwas geändert hat, muss die erste Erinnerung sein. Der unbekannte Geruch einer Frau hatte sich über ihm ausgebreitet und dahinter schützend die Dunkelheit eines Zimmers zusammengezogen. Er brauchte sich nicht vorsehen. Die Zärtlichkeit einer Frau legte sich über ihn, gegen die er sich nicht auflehnen wollte.

Den Überfluss der eigenen Kräfte zum ersten Mal wieder spüren in der Heftigkeit, mit der die Angst ihn fasste, die Nase müsse zerschlagen sein, zerstört für immer. Angst vor dem Augenblick des Aufstehens. Den ersten Blick in den Spiegel hinauszögern wollen. Wieder zu sich kommen, aber nicht wissen wo.

Das Aufstehen probieren und einsehen, dass das Bein noch nicht folgen will. Ertasten, dass beide Beine noch da sind. Angst, nie mehr gehen zu können. Freude, dass immer dieselbe Frau sich im verdämmernden Zimmer neben ihn legt. In ihren Augen den eigenen Zustand suchen und Beruhigung. Noch nicht sprechen können. Hinnehmen, von ihr gewaschen zu werden. Die Scham der Lust zur Unzeit. Die Lust aus den Wunden, über die sie hintupft. Lust im Schmerz. Die Scham.

Er hätte sich ihr gerne gezeigt, wie er einmal ausgesehen haben musste. Vor seinem Aufbruch. Erste Gedanken über das zu harte Bett und die nie zuvor gesehene Türe, die in seinen Blick hineinstand, ohne ein neues Zimmer zu öffnen. Die offene Tür verdämmernd. Immer wieder zurückfallen in atemloses Schwitzen, abkippen in eine Ohnmacht, die er nicht mehr wollte. Lauern hinter verschwitzter Haut. Aufwachen unter dem warmen Atem der immer gleichen Frau. Der junge Mann, wenn er meinte, wach zu sein, nahm sich vor, dieser Frau endlich Fragen zu stellen.

Er konnte keinen bestimmten Gedanken fassen, die ersten Fragen wiederholten sich, ohne dass er sie sprechen konnte. Meine Nase. Ob sie wieder gut wird? Die Frau sprach ihm schöne Antworten ins Ohr, zu denen er sich Fragen selber denken musste, und streichelte ihn und tröstete ihn, und er hatte keine Scheu, sich ganz in ihre Hand zu geben.

Als er zum ersten Mal sein Einschlafen unter dem Aufwachen erinnerte und sogar die Frage, die er so lange schon stellen wollte, nahm er sich vor, endlich zu sprechen. Die Dunkelheit schützte ihn, er spürte ihr Haar über seinen Körper wegstreichen, schämte sich, verschwitzt zu sein. Während sie ihn trockenrieb, bereitete er seinen Mund darauf vor, endlich das erste Wort zu sagen und er merkte, dass es gelingen würde.

Sein Mund zog sich zusammen, sein Mund schickte die Lippen vor, um das erste Wort auszustoßen, aber da zerplatzte die Dämmerung um ihn her, ungebremstes Licht schnitt ihm das Wort ab, fiel in seine unbewegten Augen, zog eine dahintreibende Decke endlos, weiß und grell durch seinen Blick. Der junge Mann hoffte, in wenigen Minuten in seinen Alltag zurücktreten zu können. Aber keine Zahnarzthelferin hebelte wie gewohnt seinen Behandlungsstuhl in die Ausgangsstellung zurück, kein Zahnarzt schob sich vor das Licht, um einen abschließenden Blick auf ihn zu werfen.

Das Licht schmerzte den jungen Mann unbehindert. Am liebsten wäre er weggetaucht in die weiche Ohnmacht seines Bettes, aber er war nicht mehr schwach genug, wegzusehen.

Da riss eine übergroß grobe Hand das weiße Armgelenk der Frau, die neben ihm gelegen hatte, mit sich. Über dem Gesicht des jungen Mannes hielt sich widerstrebend für einen Moment der Unterarm, dessen Weiß sich besänftigend abschattete.

Der junge Mann hätte den Arm so gerne über sich gehalten. Da fuhr ein böser Ton in sein Ohr:

»Nur eine Sekunde mein Kind!«

Bis der junge Mann wusste, dass alleine er die Frau hätte bei sich halten können, hatte die Hand den weißen, weichen Arm schon über sein Gesicht mit sich weggerissen, und das Menschenpaar kämpfte in der weit aufstehenden Tür.

»Ich hab` dir sofort gesagt, dass du die Polizei rufen musst. Du bist ein Fall für den Staatsanwalt. Einen Mann zum Krüppel fahren und einfach mit nach Hause nehmen. Sogar ein angefahrenes Wildschwein hast du zu melden.«

In der weit geöffneten Türe ein Mann, den Arm einer Frau zerrend, genau im Blick des jungen Mannes, der den Kopf erschöpft auf die Seite hatte fallen lassen müssen und nicht mehr tun konnte als mitanzusehen, was er nicht sehen wollte.

Und als der Mann sich schon in den unbekannten Raum abgesetzt hatte, da konnte sich die Frau im letzten Augenblick feststemmen in der Tür: »Lass mich sofort los! Was willst du von mir! Was hättest du mir noch zu sagen!«

Erleichtert hörte der junge Mann, dass sie sich gegen diesen Mann entschieden hatte, dass sie bei ihm bleiben wollte. Er musste sich nicht länger ängstigen.

»Von wegen loslassen, ich dich! Du rufst sofort die Polizei an, meldest den Unfall und lässt ihn abtransportieren ins Krankenhaus, wo er hingehört.«

Er musste ihr lediglich zu Hilfe eilen, sie dem Zugriff des Mannes und seinen sehr böse gesprochenen Worten entreißen, aber er wusste nicht einmal einen Arm zu bewegen.

»Kannst du mich nicht in Frieden lassen. Geh weg! Geh endlich weg von mir! Lass mich los!«

Wenigstens hätte er rufen wollen. Recht hat sie. So gehn Sie doch weg. Lassen Sie die Frau doch endlich los. Sie gehört doch nicht Ihnen. Aber er hörte sich nicht. Seine Zunge sprach nichts, als wollte sie nicht wiederholen, was ohnehin allen klar sein musste.

Der junge Mann war erschöpft. Er hätte so gerne das Licht verlöschen sehen und die Augen geschlossen. Aber die Handlung, der immer noch nicht entschiedene Kampf, nahm keine Rücksicht auf seine vorübergehende Schwäche. Seine Schwachheit kam ihm nicht unbekannt vor, er hätte sie aber gerne um eine Woche oder einige Tage wenigstens verschoben. Dann hätte er schon einzugreifen gewusst.

Der Mann wollte die Frau nicht verstehen: »Komm, spar dir die falschen Tränen!«

Wie bösartig diese Unterstellung, wie wahr ihre Tränen, die nichts anderes wollte, als zu ihm an sein Bett zurückzukehren. Der junge Mann sammelte allen Hass, und wirklich konnte die Frau sich noch einmal losreißen und zu ihm zurückfliehen. Ihr Gesicht stürzte auf sein Bett zu, aber ohne den Blick auf ihn, den er lieben gelernt hatte, nur entsetzt – ihr Blick. Für einen Augenblick öffnete sich nah bei den Augen des jungen Mannes schwarz eine Handtasche. Und er dachte, so außer sich, wie sie blickt, ist sie fähig, einen Flammenwerfer herauszuziehen und den Mann, der sich inmitten der Türöffnung fest eingerichtet hatte, in Asche zu legen oder eine Kettensäge anzuwerfen. Da wird kein Stück von ihm aufeinander bleiben und sein Blut wird über mich spritzen, aber ich werde es ihr nicht verübeln.

»Rühr dich nicht vom Fleck!«, rief sie nahe bei seinem Ohr, und der junge Mann sah, dass dieser Befehl gegen den Mann gerichtet sein musste, denn eine kleine Pistole, leider viel zu klein, sah er übernah vor seinem Gesicht, ein verwischendes Schwarz. Eine Kettensäge hätte mehr Effekt gebracht oder ein Flammenwerfer.

Der Mann in der Tür duckte sich ein und näherte sich langsam Fuß vor Fuß setzend wieder dem Bett. »Du bist wahnsinnig geworden.« Stoppen ließ der sich nicht, die beiden im Herabhängen nach vorne gerichteten Hände verrieten, wie er sie greifen wollte. Der junge Mann versuchte, ein Bein anzuziehen, aber er konnte sich dem Mann nicht entgegenstürzen. Würde sie es alleine schaffen, ohne seine Hilfe?

Ihrer Stimme war es ernst, sehr ernst: »Rühr dich nicht vom Fleck! Hast du mich verstanden!«

Der Mann schien sie nicht verstehen zu wollen. Von Kopf bis Fuß stand er im Blick des jungen Mannes, schob sich immer näher heran, bis nur noch der Gürtel, ein Stück Hose und Hemd zu sehen waren, dafür so übernah. Der junge Mann wollte nach einer Hosenfalte greifen oder nach dem Gürtel, den Mann zu sich niederziehen und ihn unter seinem Kissen erdrosseln. Der Mann aber war nicht zu stoppen.

Da konnte sie nicht anders. Sie musste schießen, ein Schuss, ihr furchtbarer Schrei. Feiner Hosenstoff hatte dem jungen Mann im Blick gestanden. Er hatte nichts sehen können und dachte, dass er den Flammenwerfer vorgezogen hätte. Da traten die Kämpfenden aber doch noch einmal von ihm weg auf die Tür zu. Sie rückwärts zur Tür sich bewegend, der Mann ihr mit tastendem Schritt folgend.

Dem Rücken des Mannes nachsetzend, sah der junge Mann sie, nicht mehr zurückweichend, weiter hinten, mit einem Gesicht, das immer noch von Entsetzen aufgerissen wurde, einen zweiten Schuss aus der Pistole geben, aber so, als ob der Mann ihn ihr abgenötigt hätte. Und der Mann sackte ein, riss die Arme höher, schien zu sinken, drehte sich aber noch zum Bett des jungen Mannes und suchte den jungen Mann mit einem Gesicht, das vor Überraschung und Schreck auseinandergezogen wurde.

Ihr Schreien in der weit aufstehenden Tür, nicht endend, ihr Schreien, weil sie das nicht gewollt hatte, was passiert war.

Der Mann bewegte sich in seinem Blut, das sich nicht mehr halten ließ, suchte den jungen Mann und fiel über das Bett und schüttete ihm sein Blut aus, und der junge Mann, nun unwiderruflich in die Wirklichkeit zurückgerissen, konnte sich von alleine aufsetzen und blickte in ein erstarrendes Gesicht, aber nicht in das Gesicht eines Ungeheuers. Der junge Mann sah noch Blut aus einem nässenden Hemd ins Bettzeug überfließen und sah in ein erstauntes Gesicht und fiel endlich in Ohnmacht.

Als er wach wurde, saß die Frau, von der er jetzt schon soviel wusste, obwohl er noch kein Wort mir ihr gesprochen hatte, an seiner Seite. Er war voller Erinnerungen, wusste aber nicht, was er von ihnen halten durfte. Er hätte sich aufsetzen können, er merkte, dass er sogar die Beine aus dem Bett hätte stellen können, und er konnte sogar ohne Zögern sprechen.

Er stellte eine andere Frage, als er die lange Zeit schon immer hatte stellen wollen.

»Was hast Du nur alles für mich getan?«

Sie schien es nicht nötig zu finden, ihm etwas zu erklären. Sie beugte sich über ihn, behutsam, warm und weich und tröstend. Er sah ihrem Gesicht ab, dass sie sich für ihn entschieden hatte und war erschöpft, jedoch ganz frei von Sorge, ins Bett zurückgefallen und in einen neuen Schlaf. Ihre Küsse spürte der junge Mann schon nicht mehr.

Wenn sie ihr Netz vollendet hat,

lauert die Spinne

still

auf das Eintreffen der unbekannten Beute.

Was bleibt den Fäden,

die unabänderlich

auf ihre Plätze im Netz verwiesen sind?

Sollten nicht wenigstens sie

die Zerstörung

herbeisehnen?

3 Uhr nachts – die Wachlinie ein Grand Lit durchtrennend

Mein Wachen versinkt

haltlos

ins Schwarz nach Mitternacht

durch die sinnlos geweiteten Augen

um nichts aufgehellt

kein Kunstlicht, kein Mondlicht, kein Morgenlicht in Sicht

und schon gar nicht ein Durchschlupf zum Schlaf

kein Verweilen hetzt mich Nacht durch meine Schlaflosigkeit

im Zucken verrät ihr Körper schluchzend mir

seinen Ritt durch schnelle Schnitte

das Explodieren ihrer verschlossenen Augen im geträumten Alb.

Vergangenheit mit der Zukunft drohen

Eine Ballade

Heute ist heute, sagst du,

du hast mich über.

Du wirst gleich gehen.

Keine Erinnerung hält dich auf, meinst du.

Dann erinnerst du dich auch nicht an Nizza?

Wie aus Übermut, ohne Koffer und Zahnpasta hatten wir uns ins
Auto gestürzt.

Unser Abfahren dehnte sich länger

als befürchtet.

Sie dauerten,

die gewohnten Räume, nicht abzuschütteln,

an unseren Schritten hafteten

die Zimmer,

von denen wir so lange schon wohlbehalten

aneinander vorbeigeführt wurden.

Ausgeblieben war

leider

das Gewitter,

von allen Wettervorhersagen vorausgesagt.

Für unsere Fluchtstrecke

verkündete der Verkehrsfunk

ohne Ausweichempfehlung

die Autoschlange,

in der wir steckten.

Trotz allem

verlor sich hinter uns

die eine oder andere routinierte Bewegung.

Neue Gier

auf den hinter dem Gebirge

ausgerollten Tag

zog hinter sich

in unsere Blicke

ein verirrter Verkehrshubschrauber,

als er

im ersten Dunkeln der Nacht

zwischen unsere Scheibenwischer flatterte,

schräg abstürzend

aus dem Bild.

Der Mond

wechselte

sprunghaft die Fensterplätze,

Leitplanken beschleunigten ihr Tempo.

Irgendwann

hatten wir

17 Stunden

zwischen uns und unsere Wohnung

gelegt.

Erschöpft ließen wir

den Wagen

unter der senkrechten Sonne

zurück,

flüchteten

in den beliebigen Hauseingang

einer Straßenpension.

Wir

betraten

den gewünschten Raum

weg von der Straße.

Nach dem zweiten Schritt schon warf sein Fenster

unseren Blick

gleichgültig

auf den Nachbarhof.

Den füllte

der dieselnde Lärm

eines Lastwagens rückwärts einfahrend.

Der Fahrer

zog unsere Blicke

auf seinen Oberkörper

und trat

mit einer Frau im roten Rock

in den Schatten seiner Mittagspause.

Obwohl wir dicke Vorhänge,

orangefarben,

vor den Ausblick

gezogen hatten,

floss immer noch gedämpfte Mittagssonne in den Raum,

der fast schon zu Ende war,

ehe das Grand Lit sich auszudehnen beginnen konnte.

Kinderstimmen

stauten Laute im Hinterhof.

spielten in unserem Zimmer Verstecken mit einem unerhörten Radio.

Irgendeine Alltagsstraße in Nizza

kippte ihren Lärm gegen die Bettwand unseres Zimmers.

Du sahst mich an?

Wir waren aus unserem Alltag getreten.

Wir waren aus der Autoschlange ausgeschert.

Wir hatten uns am hellen Mittag aus unserem Auto begeben.

Wir waren in dies enge Zimmer geraten.

Viele Möglichkeiten hatten wir nicht mehr.

Einer von uns

hätte gehen können,

um die Türe hinter sich zu schließen.

Die Kinder konnten nicht wissen,

dass wir uns Nizza leiser vorgestellt hatten.

Ich

fühlte mich für den Lärm verantwortlich,

der dich in Köln gestört hätte.

Noch konnten wir die Pension wechseln.

Zwei Nachbarn

verprügelten über die Hofmauer ihre Stimmen.

Wir wussten nicht,

ob wir schon wieder gehen oder

wie wir aufeinander zutreten sollten.

Einen

unbewegten Augenblick lang

war jeder in seine Phantasie zurückgetreten.

Noch verharrten wir

zwischen

einem stürzenden Sessel

und dem ruhig treibenden Bett.

Undichtes Licht floss über einen Stuhl,

versickerte in abgetretenem Teppichboden.

Zwischen uns stand ein Stuhl.

Die Straße lärmte sanfter herein

und schlagender der Hinterhof.

Ungesehen

verabschiedete

der rote Rock

bereits wieder den Dieselmotor.

Die Nachbarn überschlugen sich

heftiger noch.

Endgültig

hatten wir unsere routinierte Wohnung

hinter uns gelassen,

die unsere Schritte

so wohlbehalten

aneinandervorbeigeführt hatte.

Es gab kein Bad mehr,

an falschen Marmorkacheln schwebte

ein Waschbecken,

und warf durch seinen Rasierspiegel lüsterne Blicke aufs Bett.

Unsicher warf uns der Spiegel

unsere Blicke zurück.

Es hätte schwierig sein können,

aber dann

verlor

sich unser Unbehagen,

es war nicht mal komisch,

dass ich meine Herrensocken

und die zu billige Unterhose

ausziehen musste.

Auf den Laken hatte

bereits ein Paar gelegen,

Haare gelassen.

Wir schreckten nicht lange zurück,

unsere Leiber

waren so streichelsüchtig

und fielen übereinander her.

Wir hielten uns die Hände

und tauschten unseren Atem,

vergaßen unsere Reklamationen.

Die Kinderstimmen

mischten sich lauter

ins ungehörte Radio

und zwangen eine

verstädterte Amsel

kräftiger anzuschlagen.

Der Sturz in ungemachte Betten.

Als unser Gehör

zurückgekehrt war,

wiegten wir uns

in das Singen

der übernahen Straßenkreuzungen.

Es störte uns

wie am ersten Tag,

dass wir zusammen

immer noch einen Arm zuviel hatten.

Dass wir uns getroffen hatten,

erschien auch dir

eher unwahrscheinlich,

bei der Ausdehnung der Welt.

Uns fielen die Augen zu

für werweißwielange.

So kalt die Luft

und so warm das Bett

beim Wiedererwachen.

Mit Spucke salbten

wir uns die Ohren rund

die Augen, die Stirn und abwärts die Nase

und rochen uns so nah,

sahen

in matterem Licht

den Stuhl zerfließen

Wir schwebten sanfter dahin

zwischen verblassenden Geräuschen der Hinterhöfe,

im verdämmernden Licht

merkten wir unser Einschlafen nicht.

Irgendwann

zog die Nacht

uns kühl das Bettuch weg.

Wir machten kein Licht,

wuschen uns nicht

und gingen

an einer beliebigen

Kreuzung in einer Nebenstraße Nizzas

Eis essen.

Die Einheimischen

hielten uns

für Touristen,

verirrte.

Aber an Nizza

erinnert dich nichts.

Und heute ist heute,

sagst du.

Trotz allem

hast du mich über,

gleich wirst du gehen.

Keine Erinnerung hält dich auf.

Heiratsanzeige für alle Gelegenheiten

Ich behalte keine Witze und lache auch nicht, wenn Du sie erzählst.

Ich brauche Dich nicht für Wanderungen in der Natur, die es an keinem Ort, nirgends, gibt. Ich möchte Dir nichts erzählen müssen, bevor wir uns in unsere Gesichter verbeißen. Du musst Dich schon selbst beschäftigen, aber immer fühlen, wenn ich Dich oder ein Pfund weniger brauche.

Spül und Wäsche erledigen wir gemeinsam. Wenns mir über ist, gehst Du bei Allkauf einkaufen, aber bitte links herum. Putzen würde ich nur ungerne.

Unsere alten Freunde schlachten wir, bevor wir uns in eine neue Stadt schleichen.

Du musst ab 21 Uhr ins Bett kommen, bis 8 Uhr stehen wir auf und putzen unsere Zähne getrennt.

Sonst habe ich wenig Vorurteile, wer Du auch bist, wie Du aussiehst, Du musst gut riechen. Ob, sag ich Dir beim ersten Treffen im Aufeinanderzutreten.

Bitte keine Kunstdüfte, Fremdessenzen. Dich muss ich riechen können. Sag mir, was Dir nicht passt. Lächle nie mit der Faust in der Tasche.

Betrüge mich nicht mit einem Kind, welches noch gar nicht geboren ist. Gehe, wenn ich Dir nicht mehr zusage. Atme beim Auseinandergehen, drohe mir nie mit Selbsttötung. Wenn, dann versinke schweigend bei Tropea im Meer, unwiderbringliches Gewicht am rechten Bein. Erhängen auf dem Wäschespeicher unerwünscht. Ich habe Angst vor Dir, vor dem ersten Treffen, mehr Angst – weglaufen, weglaufen – als Neugierde – auf Dich zu, auf Dich zu.

Wann soll ich Dir meine Krankheiten auflisten? Wie hell hast Du es gerne? Behellige mich nicht mit Deinen Eltern.

Ab Freitag sitze ich im Kölner Spitz, wir werden uns ansehen und wunschlos erkennen.

Das Ende von

Sie hatten den Flur mit Tonscheiben gepflastert, selbstgebrannt. Alle nichttragenden Wände hatten sie eingerissen. Den weißen Flügel hatten sie in den ersten Stock gehievt, durchs Fenster.

Sie hatten ein Kind und Urlaub gemacht und alle Steuererklärungen gemeinsam veranlagt.

Im siebten Jahr fing sie an, abends unregelmäßig nach Hause zu kommen oder später – wie er früher ohnehin schon. Er ahnte etwas, wollte es aber nicht wirklich wissen.

Seit man ihm gekündigt hatte, war er immer zu Hause, außer er machte gerade seinen Zug.

Abends war er fast immer zu Hause – sie nie.

Er dachte sich, alle weiteren Abende zu Hause zu sein, damit sie irgendwann wieder abends zu Hause sein würde.

Am ersten Ferientag der großen Sommerferien kam sie abends früh wie früher nach Hause. Sie brauchten nichts zu reden.

Er hatte das Gefühl, sie ins Bett gebracht zu haben. Jedenfalls liebten sie sich stärker.

Als es zu Ende war, sagte sie ihm, um Mitternacht gehe ihr Flugzeug ab Düsseldorf Lohausen. Feriensonderflug Teneriffa. Mit ihrem neuen Geliebten drei Wochen gebucht. Erst mal Abstand kriegen.

Er blieb liegen, sie stand auf. Ihr Koffer wirkte gepackt.

Ihre Hochhackigen stöckelten rot treppab über die erdroten Tonscheiben im Flur. Ihn ließ sie zurück mit der neuen Information. Leiser werdend entfernte sich ihr Stöckeln.

Im 7. Jahr kennenlernen

Wer wegfährt, hat es leichter als der Zurückbleibende. Marianne trat mir zur Begrüßung in der Diele nicht entgegen. Ich fand das gut. Ich hoffte, mich erst einmal ganz alleine und auf mich gestellt wieder in Paris zurück zu finden, eingewöhnen zu können in die Wohnung, in das Leben mit Marianne und Söhnchen Michel, sie allerdings saß bereits wartend auf dem Barhocker an der Küchentheke. Ein Hauch zu herausfordernd. Sie hatte mich nicht so spät erwartet, aber doch an diesem Nachmittag. Sie hatte sich für den ganzen Tag freigenommen und Michel nicht in die Kinderkrippe, sondern zu einer guten Freundin gegeben. Abholzeit in unser Belieben gestellt. Im gleichen Augenblick, als sie mir mit lockendem Ton sagte, dass wir kinderfrei seien, dachte ich: »Alles, bitte nur keinen Sex, nicht jetzt, nicht schon heute!« Mein Blick folgte abwärts ihren Beinen, die lang und im Kontrast zum Oberkörper schlank den Barhocker hinab in golddurchwirkt baumelnde Hochhackige flossen, sah, dass ihr Minirock kürzer geworden sein musste in den Tagen meiner Abwesenheit und sie demonstrativ ihr knappstes Unterhöschen rosafleischweich verräterisch für das dahinter sich Wölbende werben lassen wollte. Ich war nach den Begrüßungsküsschen, die ich mir zum Glück nicht neu ausdenken und abzwingen musste, die mein Fremdeln kaschierten und uns ohne unser Zutun eine Annäherung ermöglichten, die alles und nichts bedeuten konnte, zwei Schritte zurückgetreten und sah zu meiner Überraschung in Mariannes Gesicht ein Mädchen auftauchen, das ich noch nie zuvor in ihr gesehen hatte. Sie war für mich vom ersten

Augen-Blick an immer die Frau gewesen, die wissende, die gelebt hatte, die sich zu schminken verstand, auffällig, attraktiv, eher kosmetisch jung wirkend als durch Natürlichkeit. Zum ersten Mal bei dieser Rückkehr sah ich hinter diesem Gesicht das Mädchen Marianne, vielleicht mit dreizehn oder vierzehn? Die Augen unter skeptischer Stirn, der Mund noch offen für Erwartungen, noch nicht hotelküchentrainiert anweisend unbedingt, noch nicht ausgebufft, sondern zögerlich, in Schwebehaltung bereit auch für das Unausdenkbare. Leider musste ich gleichzeitig mich in dem seitlich hinter ihr in der Küche nicht gerade sinnvoll platzierten langgestreckten Garderobenspiegel mit Goldrahmen beobachten und mein zur Situation kaum passendes unsicher lächelndes Gesicht etwas zurückgesetzt und doch leider gleichzeitig hinter dem ihren ertragen. Trotz meiner Distanz zu ihrem Barhocker meinte Marianne zu erschnuppern, dass ich von unbekanntem Duft umweht sei, als hätte ich in lauter Weißnichtwas gebadet. Sie sagte das ohne Eifersucht in der Stimme. Ich wollte ihr vom Holzfeuer und vom Tapezieren mit ihr unbekannten Menschen berichten, weil ich mir über diese harmlosen Geschichten eine unauffällige Rückkehr erhoffte, aber Marianne wollte mich wohl nicht aushorchen. Sie wollte von sich sprechen, davon, dass alles leichter ist für den, der geht, dass sie zu ihrem eigenen Erstaunen mich vermisst habe in den paar Tagen, vor allem aber des nachts, dass nur Michel, unser Liebster in Windeln, ihr Trost gewesen sei, sie sich aber auf meine Rückkehr so sehr gefreut habe, wie ich kaum erahnen könne. Vor allem aber gefiel ihr, dass ich sie nicht, wie sie erwartet hatte und wonach sie selbst sich eigentlich sehnte, gleich von diesem Barhocker gehoben und aufs Bett getragen hatte.

»Woran denkst du gerade, in diesem Augenblick, wo wir plötzlich wieder so nah beieinander stehen?«, wollte sie wissen, denn ihr gefiel meine Zurückhaltung, eine eher ungewöhnliche. Ich konnte ihr nicht sagen, dass ich gerade hinter ihr im Spiegel einen zur Situation kaum passenden unsicheren Kerl grienen sah, einen Kerl, der noch nicht angekommen war, der in Wirklichkeit noch nicht dort unbestimmt herumstand, wo sie ihn zu sehen meinte, nämlich mit der Wohnungstür im Rücken wenige Schritte vor ihr in Wartestellung. Es hätte sie kränken müssen, wenn ich ihr meine gerade ohne mein Zutun mich durcheilenden Gedanken verraten hätte, dass ich nicht wusste, warum ich gerade in diesem Augenblick vor diesem mir fremden Mädchen stand, dass ich paradoxer Weise nicht einmal einen Fluchtplan hätte nennen können, um das Weite zu suchen. Der Minirock so nah vor mir schnippte schon mit seinen langfließenden Beinen und girrte und schrie rosasanft, so glaubte ich jedenfalls, nach meiner liebenden Aufdringlichkeit. Wenn ich den Abgang für immer in diesem Augenblick gesucht hätte, hätte ich ihre Aufforderung, ihr meine Gedanken zu sagen, nutzen und ihr erzählen können, dass ich gerade daran dachte, dass ich im Augenblick mit ihr auf keinen Fall zu einem Beischlaf kommen wollte, dass ich im Augenblick die Selbstverständlichkeit der Frauen bedenklich fand, mit der sie nach ihrer Willkür nein sagen konnten, während ich hingegen immer dann in Lust sein musste und meinen besten Gefährten

ausgefahren und erigiert standhaft in die Liebeshändeleien mitzu-
bringen hatte, wenn eine Frau sich einlassen wollte auf Zärtlichkeit
und Lust und Hingabe. Nie hatte ich mit einer Frau, nie mit einem
Mann darüber gesprochen, wie normal oder eigen es war, dass ich
die Zweifel zwar immer wieder vergessen konnte, aber eben doch
darüber nachdenken musste, ob mein Samen nicht zu früh mich
verlassen und mein Glied sich nicht zu früh aus der verlangenden
Umklammerung der Frau zurückschrumpfen würde. In diesem Au-
genblick, während meine Augen unter den wartenden Blicken von
Marianne wechselten von den rosa drohenden Verlockungen, die
sie durch ihre Beinstellung mittels ihres Minirocks nicht verdeckte,
sondern goldgelben bedeutsam umrahmte, wechselten zu dem
skeptischen Blick und dem Jungmädchenteint hinter ihrer Frauen-
maske, in diesem Augenblick hatte ich vielleicht zum ersten Mal in
meinem Leben, »alterte ich?«, das Gefühl, dass ich gerne mit Mari-
anne über die Liebe und den Sex geredet hätte und darüber, was
eigentlich passierte, während wir uns verschlangen und uns verga-
ßen, ich aber immer wieder auch zu kontrollieren hatte, ob alles gut
war, wie es passierte, zugleich empfindend und planend handelnd
und doch wehrlos ausgeliefert an die Eigenmächtigkeiten meines
unberechenbaren Gefährten, der mal sich kaum wieder zurückzie-
hen wollte auf Normalmaß, dann aber wieder erst verlockt werden
wollte von Marianne, herausgelockt von Mariannes Brüsten, die
über ihn kosend ihn umhüllten und aufwiegelten in lauter Hin und
Her über mich hinweg. Und den rechten Augenblick nutzen für das
Eindringen, das alles ohne Absprache, gefühlt, gewusst, getan. Der

rechte Augenblick für mich, für Marianne. Ich fand mich besonders angenommen, wenn Marianne das in ihre Hände nahm, meist musste aber ich den richtigen Augenblick treffen. Ich sah mein verunsichertes Grienen im Spiegel, hörte mich schweigen und las meine Gedanken, die ich nicht hilfreich finden konnte, mich wieder vertraut zu fühlen in Mariannes Wohnung. Ich war schon dabei, ein Spiel zu riskieren, sogar den Rauswurf und Marianne meine fließenden Gedanken zu verraten, als mich die Einsicht überraschte, dass ich gerade auf wunderbare Weise etwas erlebte, was ganz neu sein musste in meinen grauen Zellen. Noch nie hatte ich das, was mir gerade durch den Kopf ging, gelesen, ich hatte es in keinem Film gesehen, denn in Filmen lief alles glatt zwischen Mann und Frau, wenn sie erst einmal so weit waren, den Beischlaf zu riskieren. Bühnenstücke kannte ich nicht, ging nie ins Theater, nein, gerade dachte ich wohl etwas, was nicht nur Blaupause war, nicht nur Nachahmung. Leider brachte mir das keinen Stolz, kein gutes Gefühl, ich fand meine Gedanken eher unangenehm überflüssig.

Im Spiegel sah ich mich, das Grienen einfrierend, etwas verstockt herumstehen, so als sei ich unentschieden, ob ich bereit wäre, von der Frau mich zu entfernen oder aber mich ihr anzunähern, der Frau, die vor mir auf dem Barhocker erhöht saß und sich nur bewegte, wenn sie die Beinstellung wechselte und statt des linken das rechte Bein in die erhöhte Position brachte, jedes Mal ohne Erfolg den Minirock von ihrem Becken her abwärtszupfend und für blitzartige Momente den Blick auf ihr Höschen verdeckend. Meist aber ließ sie die Beine entspannt parallel abwärts baumeln, eher in Gedanken mit dem einen oder anderen Absatz gegen die Verblendung der Küchentheke klopfend. Ich nahm mir vor, meinen Blick nicht mehr über Mariannes ziemlich ausufernd ausgestellte Brüste abwärts sinken zu lassen, sondern ihr Gesicht im Auge zu behalten, in dem sich weiterhin eine konzentriertere und weit weniger entschiedene mädchenhaftere Frau zu tummeln schien. Ganz sicher war ich mir, dass in diesem Moment nicht der Tag war, an dem ich verführbar mich hätte zeigen können. Mich beherrschte aber nicht Aggression und Abwehr, sondern Desinteresse, von keinem Gefühl begleitet. Es war einfach der falsche Augenblick, dass Marianne mich auf ihrem Hochsitz erwartet und abgepasst hatte.

Ich war noch in den mir neuen und unentschiedenen Erwägungen befangen, ob ich als Befreiungsschlag aus dieser Situation es doch erproben sollte, ihr meine ohne Ende weiterlaufenden, aber für sie gleichbleibend kränkenden Gedanken versuchsweise vorzutragen, alle möglichen Gedanken über die Annäherungen von Mann und Frau bis zum Koitus und über alles, was gefühlt werden konnte von ihr und von ihm währenddessen bis zur Zigarette danach, fühlte mich aber nicht redemächtig genug, das erste Wort laut werden zu lassen, irgendeinen Anfang zu sagen, der alles andere dann aussprechbar gemacht hätte, als sie in eine neue Bewegtheit geriet und aus einer Hohlkreuzdrehung ihre Arme zu ihrem Kopf emporhebend, dabei unbewusst ihre Brüste noch weiter ausstellend, darauf konzentriert, aus ihrer eher kurzgeschnittenen Rundumfrisur mit kleinem Erfolg ein winziges Pferdeschwänzchen nach hinten zusammenzuflechten und mit einem Gummi von der Küchentheke zum Halten zu bringen. Als sie das geschafft hatte, immer meinen Blick fixierend, glitt sie von ihrem Barhocker in schlängelnden Bewegungen abwärts und sehr bestimmt auf mich zu, drehte mich und bugsierte mich in den einzigen Sessel, der in dieser Wohnung dahintrieb, mit der Aufforderung, dass ich sie, als sei ich ihr Vater und ihre Mutter zugleich, auf ihren Schoß heben solle und ohne jeden Gedanken an Sex tröstend über ihr Haar fahren, streichelnd, streichelnd, streichelnd. Und während ich mich ihren Anweisungen fügte, von ihren Händen immer wieder behutsam und zurückhaltend eingewiesen, wie sie die Streichelbewegungen in ihrem Ablauf und im Wechsel von Leichtigkeit und Druck haben wollte, erzählte sie mit einer Stimme, die nicht mehr rauchig war, sondern frisch und unsicher von fern her zu kommen schien wie aus mir unbekannten Zeiten, dass ich der erste Mann sei, der sie wirklich kennenlernen werde.

Dies hätte ich mir mit meiner so verständnisvollen und liebevollen Rückkehr verdient. Ich hätte sie durch meine Zögerlichkeit erlöst, denn bis zu meiner Rückkehr sei sie selbst noch gar nicht geboren gewesen, aber ich hätte sie herausgelockt und dürfe sie ab jetzt nur noch Anouk nennen, auch vor Freunden, auch an unserem Arbeitsplatz im Hotel, nie nie mehr Marianne, denn das sei der Name ihrer Mutter und ihrer Großmutter und vor allem aber ihrer Schwester, von der sie viel zu lange schon unterjocht worden sei. Ich war überrascht, dass ich nett gewesen sein sollte bei meiner Rückkehr, fühlte mich aber in der neuen Position ungefährdeter, hatte das Gefühl, vorläufig nicht mehr über die nächsten Schritte nachdenken zu müssen.

Ohne dass ich mich verwundert darüber erklären musste, wieso eine Frau, die mich so oft schon so heftig und lustvoll in unserer nicht ganz kurzen Zweisamkeit bestürmt und beritten und geliebt hatte, bis ich müde und zerschlagen nicht mehr glücklicher werden konnte, von sich behaupten konnte, noch gar nicht geboren zu sein, blieb sie ganz von sich aus im Erzählen, während ich sie tatsächlich wie ein noch sehr kleines Kind zu halten, zu wiegen und tröstend zu streicheln versuchte und daran auch nichts belustigend fand, obwohl ein Zuschauer, der uns in HALBNAH hätte beobachten können, gewiss amüsiert gesehen hätte, wie eine mit 130 bis 140 Pfund hübsche, aber üppig wuchernde Frau zusammengekrümmt auf dem Schoße eines Mannes kleines Häschen zu spielen versucht. Ich spürte nichts von ihrem Gewicht, ließ meine Hände über ihren neuartigen und ruppig endenden Pferdeschwanz hinweg ihren Rücken abwärts streicheln, immer von oben über der Stirn neu beginnend. Sie erzählte mir, dass ihre Eltern, Vater nicht und Mutter ebensowenig, sie nie auf ihren Knien oder auf dem Schoß geschaukelt, ja dass die Eltern sogar jede körperliche Berührung mit ihr sehr gezielt vermieden hätten. Sie sei ihren Eltern unheimlich gewesen. Sie hatte mit fünfzehn, ohne auch nur eine kleine Tasche mitzunehmen, diese Eltern und ihre Wohnung verlassen, als sie endlich die Dinge hatte ermitteln können, die nie besprochen, aber tosend verschwiegen worden waren. Genau neun Monate bevor sie,

Anouk, ein Name, den sie sich im Alter von fünfzehn Jahren selber gegeben hatte bei einer Eigentaufe in der Seine, neun Monate bevor sie, Anouk, von ihrer Mutter geboren worden war, war ihre Schwester Marianne im Alter von eineinhalb Jahren totgefahren worden. Aus Versehen, von ihrem Vater, der seinen Wagen rückwärts aus der Garage setzte und nicht wissen konnte, dass die Kleine hinter ihm hergetappst war. Erst als er das Garagentor verschließen wollte, hatte er die Kleine entdeckt, zerquetscht und tot. Noch in der selben Nacht hatte er mit Anouks Mutter dann sie gezeugt, wie die Mutter ihr immer wieder vorhielt, nicht mit ihrem Einverständnis, sondern in einem verzweifelten Akt der Vergewaltigung. Nach der Geburt Anouks schoss keinerlei Milch in die Brüste ihrer Mutter, die Eltern gaben sie weit weg zu einer Amme in der Bretagne, nahmen sie erst zurück nach Paris, als sie auf den Tag so alt war wie ihre Schwester Marianne am Unglückstag, ließen sie auf Marianne taufen und beim Standesamt eintragen und entdeckten eher mit Entsetzen, dass diese neue Kleine genauso aussah und genauso lief und sich genau so verhielt wie das totgefahrene Schwesterchen. Der Vater rührte nie mehr als Fahrer ein Auto an. Die Eltern zogen sie so auf, wie es sich gehörte, fühlten sich aber von diesem Kind nicht getröstet, sondern auf unheimliche Weise entblößt, entlarvt, verurteilt. Als sie ihre Geschichte an mich losgeworden war, streckte sie sich unter meiner Hand wohlig wie eine Katze, die schnurrend Gegendruck erzeugt, um die Liebkosungen zu verdoppeln. Mein unsichtbarer Gefährte, der bei allen Gelegenheiten, bei denen Marianne das Schoßsitzen oder auch im Bett das Schoßliegen mit ihrem schönrunden Po gegen mich drängend gesucht hatte, unweigerlich zu größerem Ausmaß sich ausdehnte und aufreckte, blieb in Ruhelage. Ohne jedes Begehren fühlte ich für einen Moment mit einem gewissen Stolz, dass ich erwachsen wurde, dass ich zum ersten Male dabei war, große Aufgaben für fremde Menschen zu bewältigen, ich begann sogar Anouks Deutung zu übernehmen, dass ich mit dem Eintreten in die Wohnung tatsächlich wirklich einmal selbstlos einen tieferen Blick für ihr eigentliches Wesen entwickelt haben könnte. Hatte ich nicht erstmals die dreizehnjährige, vielleicht auch die fünfzehnjährige Anouk gesehen, die junge Frau, die noch offen war für nicht vorhersagbare Ereignisse, die noch nicht Chef einer Hotelküche und eines durchorganisierten Haushaltes zu spielen bereit war, die sich noch offen hielt für alle Spiele? Zu meiner Erleichterung ergaben sich unsere nächsten Bewegungen aus dem Sessel weg dadurch wie von selbst, dass Mariannes Freundin sich die Mühe machte, unseren Michel zu uns zurückzubringen, mit der liebevoll vorgetragenen Spitze, dass ihr ein Blick auf die Uhr gezeigt habe, dass wir uns sicher beim Wiedersehen »verschlafen« haben müssten, denn Marianne habe doch versprochen, Michel irgendwann vor Einbruch der Nacht abzuholen und draußen sei es nun schon ziemlich dunkel.

Der Autor

Hans Jürgen Kolvenbach

Geboren am bitterkalten 13. Januar 1943 in Düsseldorf.
Bankkaufmann; Kellnern und Barmixen; Deutsch- und
Philosophielehrer, Fachleiter Deutsch, Kultusministerium NRW;
10 Jahre Regie- und Theaterarbeit: Straßentheater und
Bühnentheater mit enthusiastischen Oberstufenschüler-innen.
Am 16. August 1967 heiratete er die Malerin Anneliese Althoff.
Der Sohn Marcel, Autor und Dokumentarfilmer, wurde am 4.
Juni 1969 geboren.

MIX
Papier | Fördert
gute Waldnutzung
FSC® C083411

Zeitfracht Medien GmbH
Ferdinand-Jühlke-Straße 7
99095 Erfurt, Deutschland
produktsicherheit@kolibri360.de